世行贷款贫困片区
产业扶贫试点示范项目
案例选编

——（四川篇）——

中国国际扶贫中心 ◎ 编

企业管理出版社
ENTERPRISE MANAGEMENT PUBLISHING HOUSE

图书在版编目（CIP）数据

世行贷款贫困片区产业扶贫试点示范项目案例选编.四川篇/中国国际扶贫中心编.—北京：企业管理出版社，2022.12

ISBN 978-7-5164-2747-7

Ⅰ.①世… Ⅱ.①中… Ⅲ.①世界银行—扶贫—贷款项目—案例—四川 Ⅳ.①F127.71 ②F831.6

中国版本图书馆CIP数据核字（2022）第208000号

书　　名：	世行贷款贫困片区产业扶贫试点示范项目案例选编（四川篇）
书　　号：	ISBN 978-7-5164-2747-7
作　　者：	中国国际扶贫中心
责任编辑：	徐金凤　　宋可力
出版发行：	企业管理出版社
经　　销：	新华书店
地　　址：	北京市海淀区紫竹院南路17号　　邮　编：100048
网　　址：	http://www.emph.cn　　电子信箱：emph001@163.com
电　　话：	编辑部（010）68701638　　发行部（010）68701816
印　　刷：	北京虎彩文化传播有限公司
版　　次：	2022年12月第1版
印　　次：	2022年12月第1次印刷
开　　本：	710mm×1000mm　1/16
印　　张：	10.25 印张
字　　数：	115千字
定　　价：	88.00元

版权所有　翻印必究　·　印装有误　负责调换

编写组

谭卫平　卢立群　吕申申　周　梁　石　羽

王正洪　王俊赛　刘小林　王　利　王丹措　袁　刚　泽翁根加
王星月　张思远　李松华　张　玲　张　健

谭必武　孙建军　胡彦君　周渝霞　牛　放　曼　琳　傅厚蓉
丛守武　冰　春　税清静　邹安音　古色日合

前言

世行贷款贫困片区产业扶贫试点示范项目（以下简称世行六期项目）是国家乡村振兴局（原国务院扶贫办）与世界银行合作开展的第六个大型综合性农村扶贫开发项目。该项目从2011年年底开始准备，2015年9月正式启动，到2022年6月结束，历时10年。

项目区范围涉及四川、贵州和甘肃三省所辖乌蒙山、六盘山两个片区的10个市（州）共27个县（市/区），支持组建专业合作社407个，社员达到8.2万户，其中建档立卡户约5万户，占总社员数的比例超过60%。世行六期项目由"综合价值链发展""公共基础设施与服务支持""产业扶贫机制研究与推广"和"项目管理、监测和评价"4个分项目组成，旨在以农民专业合作社新型经济组织为依托，发展高效、生态、高附加值的农业产业链，并投资农村基础设施和公共服务，提高目标群体收入，实现生态环境保护和贫困农户可持续增收，为中国贫困片区产业扶贫积累有效经验。

其中，四川项目选择的6个县为泸州市的叙永县和古蔺县，凉山彝族自治州的布拖县、金阳县、昭觉县、美姑县，涉及49个乡镇、199个贫困村、1112个自然村。通过该项目的实施，105个农民专业合作社得到了支持，促进了当地产业发展和结构调整，提高了农民组织化程度，提升了贫困群体的劳动技能和生产管理能力。该项目还完善了农村基础设施，改善了农民生产生活条件，增加了农民收入，加快了脱贫进程，带动了项目区社会经济的全面发展。

  本书集中展示了四川省项目的22个鲜活、生动的案例，讲述了参与项目的干部群众在项目实施过程中奋斗和成长的故事。

目 录

解码叙永世行六期项目发展之路 …………………………… 1

首创农技管护队，为合作社发展保驾护航 …………………… 9

肉牛寄养的可贵探索 …………………………………………… 16

平安向前的嘿门子村执玛种养殖农民专业合作社 …………… 23

大凉山半细毛羊结硕果 ………………………………………… 32

一片绿魔芋，撑起美好梦 ……………………………………… 37

发展求变的世源 ………………………………………………… 46

光明村的光明路 ………………………………………………… 54

牛王归来 ………………………………………………………… 59

雪山关下花木兰 ………………………………………………… 66

赤水河畔的前行者 ……………………………………………… 73

带动转变的尼地领头羊 ………………………………………… 81

那牺牲在脱贫路上的守望人 …………………………………… 88

社员亲手绘制脱贫图，伍尔小曲做养50只羊的梦 …… 93

大凉山女人的力量 …… 102

种植马铃薯，走出脱贫路 …… 110

陶付先养牛记 …… 118

一个乡亲都不能少 …… 123

大风顶下的拉里郎 …… 127

金沙江畔的"半边天" …… 133

各则村和阿古么子牛的卡莎莎 …… 139

合作社让我找到生活的希望 …… 148

解码叙永世行六期项目发展之路

孙建军

> **内容提要**
>
> 世行六期项目在叙永县开启之后,叙永县在项目建设和发展方面取得了四川省三个第一。喜人的成果体现了叙永人民的智慧和勤劳,优良成绩的背后,又隐藏着多少人艰苦摸索出的机制创新?本文将给你一个明晰的答案。

三个全省第一

项目投资进度全省第一。世行六期项目自 2016 年在四川省叙永县启动实施以来,根据管理信息系统(以下简称 MIS 系统)数据显示,截至 2021 年 12 月底,叙永县累计完成项目投资 10073.29 万元,占项目总投资计划 1 亿元的 100.73%,高于全省平均进度。

提款报账全省第一。截至 2021 年 12 月底,叙永县累计向世行提交提款报账金额 9433.87 万元,世行应回补金额 5233.24 万元,累计提款报账金额、世行回补金额均位列全省第一。

合作社现金分红全省第一。叙永县 21 个项目合作社有 20 个合

— 1 —

作社开展运营。其中石坝彝族乡水潦铺弘基养殖专业合作社于2020年4月在全省率先实现分红，134户社员农户户均分红250元，吸引了更多的农户加入合作社，为世行项目区15个贫困村集体经济的发展起到了示范作用。

全省三个第一体现出叙永人民的勤劳和智慧。在《叙永县"世界银行贷款贫困片区产业扶贫试点示范项目"大事记》中记录了这样一条：2017年5月，叙永县委、县政府把世行六期项目列为县重点项目，纳入全县脱贫攻坚年度考核内容。县项目办定期对该项目的实施情况进行督导。这一条很硬核，意味着各级相关人员如果在项目实施过程中不作为、工作任务不达标，将会少了"票子"，甚至摘掉"帽子"。这也说明了叙永县对该项目的实施、建设和发展之决心和力度。有了这柄"尚方宝剑"，叙永县外资扶贫项目管理办公室（以下简称县外资办），严格按照中央、省、区、市、县关于世行六期项目工作的部署和规定要求，以三个创新和两个管理，规范、高效推进相关扶贫项目的落地落实，实现世行六期项目的预期目标。

三个创新推动项目建设健康发展

"喂，项目办吗？我们合作社有几头牛，这两天不咋吃东西，也不知道得了啥毛病……"

"喂，我是海崖村，我们的甜橙园，有几亩长了天燕子（一种病虫害），请求项目办派专家来看看……"

每当接到这样的电话，县、乡（镇）两级外资办就会立刻请相关专家前往村里察看和指导，帮助合作社和农户解决实际问题，使之恢复正常生产。原来，县外资办开展了工作推进机制的创新，早就搞了专家储备。他们组织农业、畜牧、财务、工程建设等方面的专业技术人员，专门负责外资办项目管理工作；并牵头组织扶贫、财政、农业、水务、交通、环保、金融等部门单位和企业的36名专业技术人员，成立"世行六期扶贫项目技术咨询小组"，为项目提供技术支持。为了项目的推进，县外资办还做了如下工作推进机制的创新：每月专题梳理汇总进度情况，协调解决推进中的困难和问题。每月分片区召开一次乡（镇）、村社干部，以及合作社管理人员会议，及时解决项目推进中遇到的困难。每季度召开一次全县项目推进现场会，交流经验，总结和推广在实施项目中好的措施办法，及时召开技术咨询专家组会议，解决项目推进中出现的技术、方案等问题。

叙永县外资办创新了产业发展模式，率先以农民专业合作社为载体，组织开展实施甜橙、肉牛产业全产业链发展，采取"专业合作社＋农户"的方式发展产业，统一技术、统一标准、统一培训、统一生产、统一管理、统一销售。同时，实行"肉牛养殖＋甜橙种植＋短期经济作物"的种养循环，将牛粪用于甜橙、辣椒、饲草种植，饲草供应肉牛养殖，种植短期经济作物如辣椒等，以补贴甜橙投产周期长给农户造成的短期经济效益缺失，从而达到了环境保护和产业持续发展的目的。县外资办积极动员和组织500余户农户，每年在甜橙基地套种辣椒2000亩，实现年户均增收9000元，合作社盈利20余万元。

图1 村民们忙碌着采摘辣椒

图2 养牛场

为将县境内赤水河流域的甜橙、肉牛产业做大做强,叙永县外资办通过"20+1"(专业合作社+合作社联合社)的模式发展产业,创新利益链接机制。在20个项目村组建20个村级农民专业合作社的基础上，组建了一个合作社联合社。叙永县发挥联合社在农业生产资料购买和农产品销售上的规模优势，以更好地实现大规模购销，争取对外谈判的主动，争得交易价格上的优惠，让社员获得更多的经济实惠；向成员提供技术、信息、运输、供销等服务，节约交易成本和费用，增强成员抵御风险的能力，带动成员单位产业发展；有效避免恶性竞争，提高成员集体经济效益，增加社员收入。

图3　县外资办组织检查村级公路硬化情况

自豪的成绩单

叙永县外资办工作中的三个创新从始至今得到了上级的肯定。2017年8月，时任四川省扶贫和移民工作局项目中心主任的王思铁到叙永县调研指导世行六期扶贫项目，实地走访和调研了石厢子彝族乡安乐村、堰塘村，以及赤水镇松林村、双山村的项目推进情况。在调研中，王思铁指出，叙永县对世行六期扶贫项目高度重视，把项目纳入县重点建设项目；在项目推进中，创新扶贫机制和项目建设模式，带动合作社产业发展，整个项目推进迅速，工程建设质量好。同年10月，时任中国国际扶贫中心副主任张广平、世界银行项目经理曹文道、高级农业经济学咨询专家尤瑟夫（Josef Ernstberger）等人组成的第五次检查团到叙永县检查指导项目的实施。检查团对叙永县的产业选择、发展模式及工作推进情况做出高度肯定，并提出了切实可行的建议。2019年10月，由叙永县外资办编制的《叙永县世行贷款贫困片区产业扶贫试点示范项目中期评估与调整报告》在中国国际扶贫中心和世行专家组成的第十九次检查团的评审中顺利通过。

两个管理是项目实施好的关键

把好人员管理关，推选政治素质高、管理能力强、清正廉洁的村社干部或能人担任合作社负责人，才能带领群众增收致富。叙永县外资办组织合作社负责人、村组干部学习习近平总书记脱贫攻坚系列重要讲话精神和重要论述，学习党纪党规、法律法规及项目实施管理规定，促进合作社负责人、村组干部遵纪守法；聘请农技畜牧专家深入甜橙基地和肉牛集中育肥场进行技术指导，组织县内国家、省级示范农民专业合作社的管理人员传授经验，高效促进相关人员掌握种养技术和管理知识，提高自我发展能力。

把好规范管理关，为保证项目有序、高质量实施，叙永县外资办制定出台了《叙永县世行贷款贫困片区产业扶贫试点示范项目建设实施意见》，规范项目申报、审批、实施、监督、验收程序。成立乡、村、合作社项目实施监督小组，对项目实施全过程进行动态监督，确保项目采购、实施过程的程序合规合法，对项目实施中存在的质量问题及时整改。聘请专业财务人员指导20个合作社开展财务管理和会计核算工作，确保合作社规范管理、高效运营。县外资办不定期组织技术咨询小组专家进行巡查，发现问题及时采取措施进行解决。由第三方机构对项目质量继续检测，聘请专业监理公司对技术含量高、工程难度大的项目进行全程监督。

有了叙永县外资办工作中的三个创新和两个管理，叙永县的世行六期项目得以顺利推进。2020年12月，四川省人力资源和社会保障厅、中共四川省直属机关工作委员会、四川省扶贫开发局给予叙永县外资扶贫项目管理办公室集体记大功奖励。

延伸阅读

自2012年至今，叙永县外资办在赤水河流域赤水镇、石厢子彝族乡、水潦彝族乡3个乡镇组织实施世行六期项目，高质量建成赤水河流域"甜橙+肉牛"全产业链，全力带动项目区20个行政村10674户46641名群众增收，促进贫困群众稳定脱贫致富。世行六期项目为已经取得胜利的叙永县脱贫攻坚战贡献了力量；叙永县也为国际扶贫开发交流合作提供了成功的叙永经验案例。

图 4 硕果累累——养殖场一景

首创农技管护队，为合作社发展保驾护航

胡彦君

---- 内容提要 ----

对于以种植为主的合作社来说，作物的修剪拉枝、春季施肥、病虫害防治等问题是最关键的环节，它们直接影响最终的收成收益。在合作社的发展探索中，美姑县扶贫开发局外资项目管理中心首创农技管护队，培养合作社管理专业技术人才，对世行六期项目帮扶的合作社进行科学种植培训，并进行统一管理，为合作社的发展保驾护航，起到了很好的示范作用。

"民族地区的农业项目是试点和探索相结合开展的。我们新成立的项目合作社就像刚诞生的婴儿，如果不去培养，就不可能成才。"美姑县扶贫开发局外资项目管理中心（以下简称县项目中心）副主任汪洋说。美姑县隶属四川省凉山彝族自治州，全县彝族人口占总人口的99.1%。2016—2020年，利用世行六期项目落地的机会，美姑县在县项目中心的主导下，新注册成立了10个专业合作社。得益于世行六期项目的资金支持，这些合作社快速、健康发展，在社员数量、村民参与度、登记管理、项目论证选择、种养殖规模、设施配

套、人员培训、产品质量、利益分配等方面，均明显高于非世行项目合作社平均水平。

美姑县是如何"哺育"合作社的呢？这就不得不提到县项目中心在世行项目实践中首创的农技管护队。

在美姑县10个世行六期项目合作社中，有8个合作社涉及种植业。但是，在现代种植技术上，很多合作社的社员完全没有相应的技能。比如在防治病虫害等方面，只会采用适合零星分散生产的土办法。这无疑对合作社的发展十分不利。对于如何解决这个问题，县项目中心曾经也十分苦恼。

经过思考，县项目中心决定，通过聘请技术服务团队，开展技术服务和培训，培养一支自己的稳定的农技管护队。这样，既能充分利用第三方的技术，还能培养项目村当地的技术人才。当然，这个筹建过程可能存在一些困难，如语言沟通障碍，以及参训人员学习被动、积极性不高、文化水平不一、接收能力有限、执行力差、对农作物特性不熟、不愿意改变传统种植习惯等。但是，县项目中心为了合作社的长远发展，还是决定大胆一试。

县项目中心及时调整部分资金使用方向，用于购买第三方专业技术服务。在得到省项目中心批复后，县项目中心正式进行招标。2020年7月，汉源县良鑫源种植专业合作社（以下简称良鑫源）投标成功，正式"进驻"美姑县。良鑫源根据与县项目中心签订的《贫困山区产业扶贫试点示范项目技术服务合同书》，制定了《汉源县良鑫源种植专业合作社技术服务实施方案》，为美姑县尼木莫古种植养殖专业合作社、富康种养殖专业合作社等8家合作社每月提供一次花椒（3284亩）、五月脆李（280亩）、大樱桃（300亩）三种作物的种植技术服务。同时，在8个合作社中挑选一批社员进行培训，建立一支稳定的管护队。为使培训工作落地见效，县项目中心在挑选合作社管护队员时，挑选相对年轻、懂汉语且有一定文化基础的社员，向他们提出参训要求，在培训时要严守培训纪律，培训课时要进行签到、做好工作日志记录等。县项目中心还协调合作社，对学习后能够独立为合作社提供技术服务的管护队员给予一定的工资补助，激发管护队员的学习热情。

图1 管护队员指导社员给果树修枝

良鑫源在实际培训中特别注重手把手教会社员具体的操作方法，每次教学都安排技术专家进行现场实操，确保每一位管护队员都能熟练掌握关于花椒、五月脆李和大樱桃的施肥、用药、用水、修剪技术。

图 2　管护队员指导社员给果子套袋

在一年多的培训指导中，良鑫源派出技术人员 45 人次，对美姑县 8 家合作社开展集中培训和实地培训 5 次、参训人员 100 余人次，

首创农技管护队，为合作社发展保驾护航

取得了明显成绩。参训人员修枝、施肥、用药、除草等技能得到了明显提升。拉里合作社的甘子日、吉俄阿族、吉克阿支等7位参训人员基本掌握了花椒修剪方法及施肥用药技术，对修剪工具能够熟练使用，学习积极性很高；蜀色养殖合作社的曲比古尔、吉尔日洛、井田一则等学员语言沟通相对顺畅，学习能力较强，他们对农具及农药计量器具的认知速度相对较快，通过反复强化训练，他们基本能独立自主按要求、计量完成配施农药工作。教学区部分花椒树经过良鑫源的技术服务管理，实现了小树生长平衡、大树果实均匀、枝叶茂盛无病虫害、丰收丰产的预期效果。

创立合作社管护队的举措，不仅让管护队员免费从项目中学习到了种植技术和方法，还能通过为合作社提供技术服务获得一定的工资补助。这大大增强了管护队员的自信心和主观能动性，提高了管护队员的学习热情。对县项目中心而言，创立管护队是他们在世行项目实践中的一大成功探索。

吉拉伟布是美姑县富康种养殖专业合作社的一名社员，自从丈夫去世以后，吉拉伟布守寡在家，家里就她一个成年劳动力，生活越来越穷苦。她并不是项目村的村民，但是她见证了富康合作社从成立到发展壮大，看到合作社切切实实地给社员们增加了收入。在她的再三请求下，富康合作社经过会员代表大会表决通过，她如愿以偿地成为富康合作社的一员。不仅如此，她还参加了农技管护队，成为富康合作社"花椒管护队"的队员，主要负责花椒管护、打药、修枝。她工作主动，积极性很高，很负责。目前，她对花椒管理养护工作已经非常熟练了。她说："三月种下树苗，五六月就要进行施药和施肥，七月检查树的长势情况和病虫害情况，八九月施药、施

肥并在落叶后修枝，十月就要集中采收和晾晒了。"吉拉伟布现在除了能在合作社有分红受益，作为管护队员，她还有一部分补贴。她通过努力，逐渐改变了自己贫困的生活状况。

图3 管护队工作人员指导社员对花椒树喷药

延伸阅读

从2020年的教学成果来看，培养管护队这一方法产生了非常好的效果。到2021年年底，美姑县全年已累计培养管护队队员16名，带动了50多名普通农民的学习热情，先后有100多名农民群众主动参加了实用技术的学习，使200多亩花椒实现了稳产、高产，平均每亩花椒在2020年的基础上增产了150千克。

肉牛寄养的可贵探索
——竹尔苦村满仓原生态种养殖专业合作社

周渝霞

内容提要

在实施世行六期项目中，布拖县补尔乡竹尔苦村满仓原生态种养殖专业合作社理事长叶布尔鬼就牛的饲养、寄养方式和运作模式做了一些可贵的探索，积累了一些经验，对后期合作社运营与发展有着重要的启示意义。

组建合作社统一养殖模式的规范化实践

竹尔苦村位于拖觉坝子中段，在布金（布拖—金阳）公路边上，由广州佛山援建的新建彝家居住小区顺山势而建，是典型的布拖县安置民居。按照世行六期项目目标、内容及要求，竹尔苦村于2018年4月18日正式成立"布拖县竹尔苦村满仓原生态种养殖专业合作社"，法定代表人为叶布尔鬼，产业发展方向为组织畜牧养殖及销售。

竹尔苦村全村现有社员共292户1265人，其中农民社员1265人，全部为少数民族；妇女社员户有88户，占总社员户数的30.14%；建档立卡贫困户有95户395人。

按照世行要求，合作社贯行"五个统一"。一是统一采购292头西门塔尔二杂能繁母牛、7头种公牛，并为社员购买养殖所需的生产资料（包括牛、草种光叶紫花苕子和多年生黑麦草种子、疫苗、饲料和添加剂），新建两个养殖场（第一个有1500平方米，投养150头牛；第二个有1420平方米，投养142头牛）。二是统一提供饲料，并提供牧草种子，委托社员利用自身土地进行种植后由合作社收购。三是统一开展养殖技术培训，或先学再干，或边干边学。按贫困户优先原则，统一组织社员到养殖场务工就业。四是统一进行疫病防治和配种。五是统一收购、销售社员生产的活畜及产品。

图1　布拖县竹尔苦村新居，村后的半山上是满仓原生态种养殖专业合作社的养殖场（南方提供）

自合作社开展工作以来，新建合作社办公用房100平方米，新建两个养殖场，共2920平方米，严格按环保要求配套建设排污设施，并新建牛种改良冷配点一个。这些基础设施的建立为寄养模式的运行提供了必要的硬件。随着这些前期基建的完成，叶布尔鬼把更多的精力放在了合作社管理、产业运作培训和农户培训上。

试探而行的寄养模式成效显著

随后，合作社开始推行寄养的试点。肉牛寄养的养殖方式是指采购回来的母牛放在养殖场或者基地集中养殖。这种模式有别于分散到农户的散养。把牛集中寄养在养殖场，这一举措更能体现世行六期项目的"五个统一"原则。

除养殖场寄养的牛外，其余的牛分发给农户居家饲养，农户轮流放牧，白天上山，晚上回家。散养的牛以家庭为单位饲养，饲草由农户自己供给，寄养了牛的农户则专项种植饲草。和集中寄养类似，居家饲养的经营模式也为统一采购、统一技术标准、统一开展培训、统一进行疫病防治和配种，只是在销售上采取两种模式，一种是农户自己卖出增殖的牛（或公或母）提取管理服务费给合作社；另一种是委托合作社销售，销售后提取部分管理服务费后收益全数归农户。

不论是哪种养殖方式，牛的增殖部分都可以统一出售或自主交易，但母本不能卖，种牛也不能分。从项目启动至今，有的农户通过散养方式已经发展到了10多头牛。而集中寄养的收益也很可观，因此不会呈现一边倒的情况，两种模式都在采用。

叶布尔鬼说，通过合作社规范与标准化的寄养养殖，使肉牛出栏率及产品品质得到了有效增加与保障，销售量及收入也实现了有效增加，合作社集体利益可分配利润比不实行寄养的模式要多一点。

"合作社选我为理事长，说明他们信任我，我要力求做好，以服务成员、谋求全体成员的利益为宗旨，好好为成员提供肉牛饲养管理和疫病防控，以及收购、加工、销售和技术咨询服务等。"叶布尔鬼的这席话体现了他的责任心和担当精神。

合作社在养殖销售盈利额中会提取15%的资金，用于合作社扩大服务、弥补亏损等；另提取5%的资金，用于社员教育、文化、基础设施或福利事业；再提取10%的资金作为产业发展风险金，用于自然灾害、疫病或市场风险防控。扣除"三金"后，其余资金由全体社员按股份进行分配。因此，无论是否为贫困户，所有社员都可增收，只是分配比例略有差异。

肉牛寄养模式是一种发展的必然

在满仓原生态种养殖专业合作社，散养和寄养两种模式并存发展，各有优劣。

图2 满仓原生态种养殖专业合作社养殖场饲草基地

养殖的散户有自己的优势，如养殖成本较低，农户本身就是饲养员，不需要单独支出劳务费。另外，牛进农户，成为农户生活的一部分，并与整个家庭的脱贫致富有机联合，让农户提高了积极性，更愿意参与培训，养殖技术提高了，疫病风险也就会相应降低。

而集中寄养也有无可比拟的好处。第一，牛的饲草可以规模化种植，寄养户的饲草生长可以做到区域规划，达到饲用粮食种类丰富的优化组合。第二，良好的基础设施意味着整个养殖过程能够更加规范、科学、卫生。肉牛养殖规范化，可以把传统的自由放牧与圈养模式相结合，提升肉牛的品质。第三，有经过培训的专人管理，集中寄养使牛犊的质量有保证。牛犊是养牛的关键利润点，在自繁自育的情况下可以保证牛的品种纯度，使繁育牛犊具有良好的生长特性和经济效益，牛犊成本也更低。养殖场的饲养环境和受孕环境相对宽松，有利于牛生产和小牛犊的发育，疫病更容易控制。第四，养殖场和寄养户利益共享、责任共担，增加了农户公平受益的机会，综合利润也更高一些。寄养户通过合作社组织联结在一起，可以有效连接产品市场，实行统一购买生产物资，统一销售畜产品，从而提高共同抵御市场风险的能力，有效促进增收。第五，可以充分利用养殖场的空间和公共资源，给合作社增加集体收益。

在叶布尔鬼看来，养殖场这种集中寄养、充分利用资源和管服优势的模式有更多可操作性，可以说是养殖发展的必然趋势。除此之外，叶布尔鬼对寄养的方式也有一些大胆的设想：寄养的方法是不是能够呈现多种形态？或许可以把农户作为寄养点（各农户自由组合确定一家为寄养点），这种方式的好处在于养牛可以激发农户的内生动力，有积极性、有能力、有精力的农户就能更好地发挥自己的作用，也能略微分散集中饲养防疫的风险。

对于寄养的发展前景，叶布尔鬼说有几点值得持续探索。一是养殖技术问题，坚持自繁自育，以保证母牛品质稳定；二是需要持续投入相应的资金，不断优化养殖环境；三是养牛是一个周期性产业，前期需要耐心伺候，后期仍然需要耐心养殖，后续人才的培养和引进都很重要。

图3　满仓原生态种养殖专业合作社理事长叶布尔鬼（右）在圈舍

尽管在牛的寄养过程中会遇到一些难题，如饲养过程中的疾病防治和销售等，也有许多值得探究的课题，但叶布尔鬼和他的合作社已经看到了这种寄养方式的前景，他们不会放弃这种探索，也不会放弃致富路上做大产业的信心和决心。

延伸阅读

满仓原生态种养殖专业合作社共融资473.417万元，其中世行六期项目出资225.326万元，国内配套193.291万元，社员土地折资入股54.8万元。世行出资和国内配套资金主要用于引进能繁母牛和种公牛、购买牧草种子、购置饲草加工机具、新建合作社办公用房、建设圈舍及冷配点、购置办公设备及家具、提供兽医服务、拓展合作社市场、组织考察及培训、组织营销活动等。社员折资的土地主要用于种草养畜和提供合作社办公用房、畜圈及冷配室建设用地。

平安向前的嘿门子村执玛种养殖农民专业合作社

周渝霞

> **内容提要**
>
> 布拖县补尔乡嘿门子村执玛种养殖农民专业合作社在世行六期项目的指导下，团结农户，克服困难，一步一个脚印地致力于公共设施的基本建设和肉牛的发展，走出了一条稳扎稳打的产业发展路子，成为农户看得见的希望之园，心中信得过的合作社。

合作社的筹建

补尔乡地处布拖县中部，在彝语中补尔的意思是"有刺猬，地形像龙的森林"。嘿门子村执玛种养殖农民专业合作社就坐落在拖觉坝子中段，在青山绿水环绕的村庄附近。

2017年，世行六期项目"来到"布拖。9月17日，嘿门子村委会召开了合作社成立准备工作会，成立合作社筹备小组，组长为吉伍俄呷，制定了合作社章程。11月7日，通过注册，嘿门子村正式成立"布拖县补尔乡嘿门子村执玛种养殖农民专业合作社",有了自己的统一社会信用代码,法定代表人为吉伍俄呷。

图1 2017年,嘿门子村召开执玛合作社成立大会(世行资料)

图2 吉伍俄呷(左2)、阿莫孜菲子(右2)、马锋(中,县项目办主任)

世行六期项目计划总投资497.482万元，发展肉牛养殖。合作社以土地折资入股共计48.4万元，无贷款。按照发展思路，到2027年合作社年销售收入预计可达403.56万元，实现利润386.74万元，合作社可分配利润270.72万元。

摸着石头过河

注册只是第一步，接下来合作社怎么办、路子怎么走，还有一系列的问题需要解决。购买生产资料、引进新技术、新品种，开展技术培训、交流和疫病防治……这些事情的确可以按照项目要求一步一步做。难点在于谁都没有干过，经验为零，吉伍俄呷的内心也有点忐忑。

合作社里共有354户、1500多人，当初建社的规模大、户头多，管理难度很大。与县城比较而言，嘿门子村民的贫困程度更深一些。务实的嘿门子村民对2017年成立合作社还是有很多顾虑的。"合作社是干什么的？养牛的，养个牛需要这么复杂的手续？"村里对这个项目的质疑声声不绝。于是吉伍俄呷和合作社筹备人员配合县、乡安排，挨家挨户地走访了所有农户。

"是很难，好在政府一直在鼓励，世行也一直在帮助我们。"多年以后，吉伍俄呷谈到当年动员说服工作的难度还是连连摇头，"很费口舌，村里年长的人说不懂、不想参加，年轻的人又都在外面打工，我们反复做工作，后来把年长的工作做通了，这些年长的又帮我们做工作。大家就是你帮我扶地走到了今天。世行给我们搭了一个平台，把福利都送到了家门口，就摸着石头过河呗。"

眼见为实

图 3　养殖场外的绿水青山

嘿门子村的地势属于缓坡类型，自然环境、气候条件都比较适宜肉牛的养殖，农户曾经都养本地黄牛，有一定的养牛经验，而当地的马铃薯、荞麦、燕麦等精饲料出产丰富，还有充足的农副秸秆、马铃薯粉渣、酒糟等可以作为牛的饲料来源。

根据世行六期项目要求，2017年，合作社斥资226.206万元引进西门塔尔二杂母牛354头；投资7.21万元引进西门塔尔种公牛7头，并投资38.937万元，配套采购草种光叶紫花苕子和多年生黑麦草117.99公顷（户均5亩），投资0.38万元购置饲草加工机具一套，形成了肉牛养殖规模。此外，合作社还利用项目资金建设合作社办公用房、圈舍及冷配点，以及购置办公设备及家具等。社员折资的土地主要用于种草养畜和提供合作社办公用房、畜圈及冷配室建设用地。

平安向前的嘿门子村执玛种养殖农民专业合作社

图4 吉伍俄呷和其身后的办公区

对于合作社养殖场，公共基础设施建设是一个大头。基建工程的拔地而起让农户开了眼，见证了建在身边的世行项目，也看到了实实在在的希望。

说起合作社的家底，吉伍俄呷如数家珍："这几年世行为我们合作社投入了不少。所有投入部分，大到办公及养殖场地，小到消毒设施、喷雾器都是严格按照世行要求，都是通过招标来完成的，合作社在验收后再接手。"

建成后的嘿门子村执玛合作社养殖场十分宽敞，分为两个区域，一个是办公区，另一个是养殖区，两个区域之间用一段三级台地隔开。两个大的栏圈采用封闭式管理，所有人员必须消毒才能进牛舍，场内干干净净，圈里有60头牛。

圈舍外围是农田，养殖场开了三道门：头一道门是进入办公区，也是人进入牛舍的必经之路；中间一道门是运送牛及饲料的专用通道；第三道门是专门清除干牛粪的。圈舍后面是四级化粪池，青青绿草已经将化粪池遮掩住了，并和周围的湿地融为一体，使养殖场的污水得到了资源化利用。

"五个统一"见成效

通过几年的实践，吉伍俄呷明白只有通过培育发展农民专业合作社，搭建好平台，才能有效组织农户开展肉牛养殖。只有建立和完善合作社产、销全产业链，走一条建设现代农牧业的新型发展路径，农民专业合作社的综合能力才能够得到进一步提升。合作社的综合能力提高了，集体收入多了，农户的脱贫及乡村振兴事业才有保障。

世行项目的"五个统一"——统一采购、统一管理、统一技术标准、统一技术培训、统一销售的实施，使嘿门子村执玛合作社养殖场一直在平稳中发展。目前栏内存牛60头，其余的都寄养在农户家庭。牛羊满山，各有天地，但养殖的技术是统一标准，肉牛的品质保障与合作社的管理紧密相连。

吉伍俄呷说："合作社的培训太重要了，养牛都会，养鸡也没得啥子（问题），但是养好牛才能够持续带来收益，让我们彝家富起来，不学习不行嘛。"村里人普遍文化程度不高，搞合作社也是边干边学。一开始，大家都有些将信将疑，有些被动，把大家聚拢开会要花一番功夫，但到了后来，农户们变得主动起来，开始主动学习和参加培训了。从成立至今，嘿门子村约开展农户畜牧养殖技术培训708人次。社员通过全程参与养殖、管理，养殖能力得到了提高，自我发展能力也获得了提升，贫困户也树立了勤劳致富的信心。

嘿门子村执玛合作社养殖场现在共有三人，其中两名是妇女。随着合作社的存在与实践，其逐渐得到群众更多的尊重和支持，村里所有的妇女都参与世行项目的实施和项目提供的各类培训。这有效促进了妇女在家中就业，为其提供了增收和发展自我的渠道。比如吉伍俄呷的妻子阿孜莫菲子，她全天都扑在养殖场里，默默扛下许多脏活、累活。她的汉语虽然蹩脚，但说起养殖来头头是道、神采飞扬。

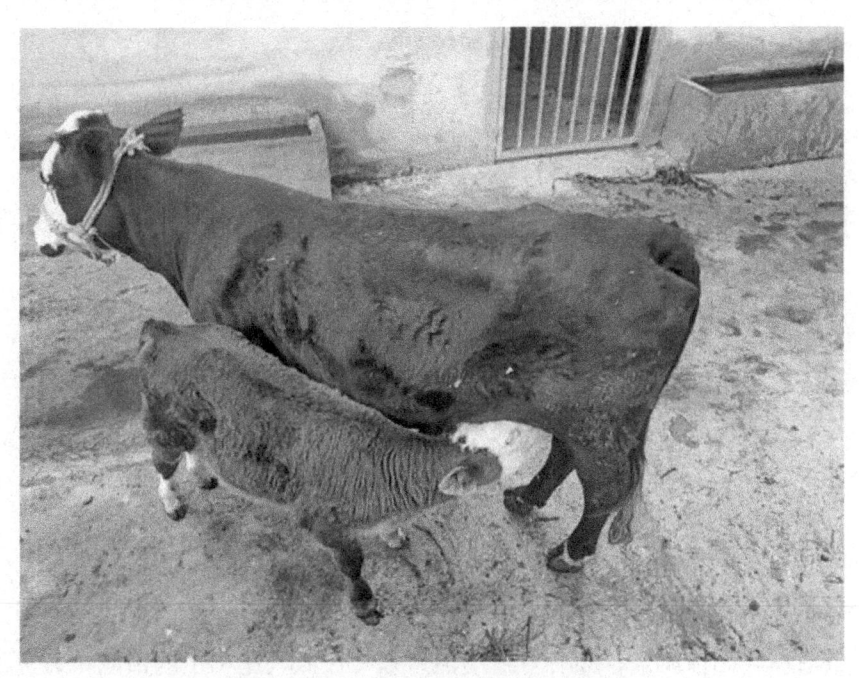

图5　嘿门子执玛养殖场的母牛和牛犊

社如其名，平安向前

执玛在彝语里是平安的意思，拖觉坝子上补尔乡嘿门子村的执玛合作社一直在努力，不激进，不退缩，平安稳步向前。吉伍俄呷说，之前，这里只有马铃薯、玉米、四季豆和贫穷，现在是家家有牛，户户有鸡和猪。有的农户目前已经卖了一些牛，农户还散养了一些，很多母牛多次怀孕。几年来，合作社售出了24头牛，增加了肉牛出栏率及产品品质，也增加了农户的收入。不仅是吉伍俄呷，连养殖场的工作人员和附近的农户都对未来抱有信心。

2021年，嘿门子村和拉波作村合并。拉波作村也是全村全员加入了"彝得种植养殖农民专业合作社"，拉波作村还建了一个1910平方米的养殖场，集中饲养西门塔尔牛。

吉伍俄呷的愿望是进一步改善养殖环境，拓宽销售渠道，还要加强农户的养牛技术培训力度，转变农户的养殖观念，提高养殖户的饲养管理技术。此外，还有对下一代牵头人的培养。要想使合作社继续这样稳定发展下去，需要有更优秀的技术人才和管理人才带动贫困农户持续增收，使人们心中这个美好的愿景不会成为海市蜃楼。

养殖场圈内的牛不断地在吼叫，"哞""哞"的声音此起彼伏。养殖场则外是一片绿油油的田野，返青的麦子正在抽穗，蓝色屋顶的瓦房点缀在山间，厚厚的云层压着黛色的远山。近处，带着孩子的老人聚集在溪边聊天，在村委会的院子内外，男女社员正在接受养殖培训。此情此景，颇有点孟浩然诗歌《过故人庄》中的田园诗意："故人具鸡黍，邀我至田家。绿树村边合，青山郭外斜。"

延伸阅读

嘿门子村全村共有364户、1448人；现有社员共354户、1407人。其中，农民社员1407人，占总社员的100%；少数民族占总社员的100%；原建档立卡贫困户有91户、453人。现在专业合作社共融资545.882万元，其中，世行出资267.02万元，国内配套230.462万元，社员土地折资入股48.4万元，除采购生产资料外，新建养殖场两个，占地3540平方米（一个2010平方米，一个1530平方米），严格按环保要求配套建设排污设施；项目实施后，合作社、合作社社员、贫困农户等都是主要的受益人。

大凉山半细毛羊结硕果

牛 放

> **内容提要**
>
> 凉山州昭觉县三岗吉来日合农民养羊专业合作社于2017年4月17日注册，覆盖三岗乡的羊棚村、马孜普村、博收村和呷莫村4个自然村。三岗乡全乡共有1262户村民，其中690户加入合作社，包括429户建档立卡贫困户，合作社全体社员均为彝族。2021年合作社实现了盈利分红。

小羊大产业——凉山半细毛羊

凉山半细毛羊主要生活在海拔1500～4000米，面积500.96万公顷的地区。凉山州天然草地面积为241.16万公顷，是耕地面积的7.48倍，其中可利用面积为198.71万公顷，既有高山和成片草地，也有村庄附近的零星草地。凉山州天然草地植物多达155科，2106种，其中草本植物有1909种，饲用植物约占75%。

难怪外地人都说，凉山的羊肉好吃，因为凉山羊肚子饿了吃的是中草药，口渴了喝的是矿泉水，在这种环境中生长的羊想想都不同寻常。近年来凉山半细毛羊的羊肉和羊毛越来越受到各地消费者的青睐。因此，三岗吉来日合农民养羊专业合作社选择了凉山半细毛羊养殖作为主要产业。

统分结合养殖，扬长避短增产

昭觉县三岗吉来日合农民养羊专业合作社采取了分户养殖和集中养殖相结合的办法，开展凉山半细毛羊养殖。合作社先后采购三批440只母羊、公羊，分发给具有成熟养殖技术的合作社社员。社员培育出小羊羔后由合作社按照市场价回收，或由合作社将小羊羔统一分配给一般社员。对于暂时不具备养殖技术和养殖能力的社员，由合作社统一养殖圈舍、统一进行疫病防治、统一组织养殖、统一市场销售，向社员按股分配劳动成果（红利）。

分户养殖的好处是农户可以用现有的圈舍、自己种的饲草和现有的管理方式进行饲养，可以把代养合作社的羊和自己的羊一起放养，节约了合作社饲草、人工等方面的投入。而集中养殖的好处是合作社可以统一管理、统一放牧、统一进行疫病防治。分户和集中养殖相结合的两种养殖模式，对合作社的统一管理进行了优势互补，减少了单一养殖方式带来的各种风险。

合作社的农户最初是自然放养，不知道养羊还有这么多学问。他们以前认为羊就是个畜生，冷也不怕，热也不怕，打也不怕，累也不怕。现在在辅导员、理事长和监事长的带领下，三岗吉来日合农民养羊专业合作社开展了培训，落实养殖管理，变过去的自然养殖为科学养殖。通过培训，农户知道羊跟人一样，也有感冒病痛。只有羊健康了，才会多产小羊羔，才会增加收入。

三项收入带动社员增收

合作社的社员把半细毛羊养好了，能不能卖个好价钱，是关系到世行六期项目实施成功与否的关键所在。因而，合作社接下来的主要任务就是积极对接市场，拓宽营销渠道，让合作社的半细毛羊卖个好价钱，让合作社的社员实现最大的增收。以下几个因素是社员增收的关键。

一是羊毛的销售收入。羊毛生产发展迅速，但由于羊毛加工和消费市场巨大，每年仍约有一半以上的毛纺工业原料来自国外，其中精纺所用的细羊毛主要依赖从澳大利亚进口。研究表明，中国目前有408万锭毛纺纱的加工能力，每年需35万吨左右净毛原料。虽然国产净毛折合为12.7万吨，但实际收购上来的羊毛最多为11万吨，仅占需求量的31%，中国国内羊毛供求还有24万吨的缺口。近几年羊毛虽价格稳定，没有上涨，但只要坚持发展生产，就是提高社员收入的一个大方向。

二是羊肉的销售收入。羊肉以其细嫩、多汁、味美、营养丰富、胆固醇含量低等特点越来越受到消费者的青睐，国内市场对羊肉的需求量很大，但我国人均1.75千克的羊肉占有量远远不能满足市场需求。同时，羊肉的价格始终保持较高水平，比牛肉和猪肉的价格高15%～50%。不仅如此，近两年在畜产品市场疲软、价格起伏不定的情况下，唯独羊肉保持稳定的高价位。羊肉销售是社员主要的收入来源。

三是精深加工，提高附加值。为了提高社员收入，合作社管理层积极联络和协调精深加工企业，与他们进行深度合作，开发以羊毛、羊肉为基础原料的精深加工,从包装、品牌、品质、口感等方面赢得消费者青睐。同时,合作社积极招纳有知识、有文化的回乡民族青年,扩充营销队伍,加强市场营销力度,积极拓展市场,扩大半细毛羊系列产品的市场占有率。近年来,凉山半细毛羊系列产品已经远销西南各省,成为当地支柱产业的拳头产品。

瞄准以上的增收点,合作社采取了一系列举措。人工种草,增加冬储饲料,解决因冬季草料干枯和冰冻天气造成的饲料短缺问题。开展技术培训与推广,提高规范化、标准化养殖水平。完善产区道路、扩建圈舍,改善运输和养殖条件。收集和传播市场信息,打开市场渠道,使产品进入市场,增加产品收入。开展绿色食品认证,提高附加值。与昭觉晓川牧业衔接,签订战略合作协议,在当地进行活畜屠宰、分级包装、冷链运输。从生产到销售,拉长产业链条,增加了产品附加值。通过这些方法和措施,达到了合作社凉山半细毛羊销售增收的目标。

完成脱贫任务,社员幸福感大幅度提高

现在我们来具体看看加入合作社后,养殖户实际增收的情况究竟如何。以社员莫色伍作家为例,入股合作社之前,家里的收入来源主要靠几只羊和羊毛编织,一年收入为5000元左右。通过以资金入股的方式加入合作社后,"我当上了放牧员,一年可以获得两万元,这在我们村居于平均水平",49岁的莫色伍作说。

截至目前,三岗吉来日合农民养羊专业合作社第一批发放代养的社员共计出栏600只羊,净收入60余万元。2021年年底,429户贫困户不仅全部脱贫,还住上了新房子,有了不错的经济收入。电灯亮了，道路通了，孩子们也可以去学校读书了，三岗乡的老百姓终于过上了脱贫致富的新生活。

图1　三岗合作社工作人员合照

/ 延伸阅读 /

昭觉县三岗吉来日合农民养羊专业合作社下一步将进一步扩大养羊规模，增加群众分红收入，大力发展"人工饲草"等产业，促进产业多样化，实现巩固拓展脱贫攻坚成果同乡村振兴有效衔接，发挥世行六期项目的造血功能，实现合作社农户持续稳定增收。

一片绿魔芋，撑起美好梦
——记金阳县沙马白魔芋种植专业合作社

吉布鹰升

> **内容提要**
>
> 金阳县沙马坪子村位于四川省西南部，和云南省隔江相望。这里在海拔1800米以下、日照时间短、空气湿度高、半阴半阳的山区，土壤肥沃，排水良好，适宜野生白魔芋生长。20世纪二三十年代，云南人就跨金沙江到金阳沿江一带开垦荒地，采集野生白魔芋，进行人工栽培种植。金阳白魔芋因皮薄、圆滑、无杂质等优点，被誉为东方"魔芋王"。受益于世行六期项目的扶持，沙马白魔芋种植合作社，在辅导员、理事长的努力带领下，实现了社员共同盈利。

五月，沙马坪子村，晨曦露秀，鸟儿啁啾，鲜绿的玉米茎叶挂着晶莹的露珠。树莓、艾蒿、青花椒等生气蓬勃，空气湿润新鲜。远山白云一缕缕飘浮，峰峦叠嶂，云丝、云朵瞬息万变，上空湛蓝如洗，犹如海之蓝，令人心旷神怡。

李党先通知吉火了日在公路边等候。他俩带我们采访组一行人走上路下方的一块土地。吉火了日，手握鹤嘴锄，轻挥几锄，挖出一颗芋种，递给李党先。李党先左手握着裹着泥土露出白嫩根须的芋种，定睛瞧着，给我们讲解。

"三四月，气温上升，魔芋正当播种时节。魔芋和青花椒、玉米套种，要合理掌握种植疏密。魔芋喜半阴半阳的土壤，日晒强烈，土地干旱，魔芋种子会腐烂，雨水充沛而土壤排水不好也会沤烂掉……要防止枯叶病、软腐病，雨季及时清理垄沟，防止积水，酷暑天气遮阴，避免日光强晒等。十一月，叶子枯萎，植株倒伏时收获。"

魔芋和青花椒、玉米套种，从而避免魔芋被日光强晒，又充分地利用了土地，增加农民收入，可谓一举三得。对于魔芋，就像对待其他植物一样，用心关心，必有收获。

不远处，一株株青花椒，叶片翠绿，散发着清香的气味。

几位彝族妇女，头上一律包着围巾，手里拿着竹扫把，沙沙的扫地声响寂静又美妙。这条村道水泥路于2017年修建，极大地改善了人们的出行条件，对促进当地经济增收具有十分重要的意义。

从前，村寨小径泥泞，雨天淤泥难行已然成了历史。

路边，森林防灭火的一面旗子迎风簌簌飘动。

忽然，传来大杜鹃、噪鹃的叫声。不觉间，我们来到了一幢二层楼房前，一楼咖啡色的铁门一侧挂着一块牌子，上面写有"金阳县沙马白魔芋种植专业合作社"。

我们走进了二楼办公室，会议桌椅干净整洁，四壁纯白，刚进门，对面墙上挂着习近平主席的像，庄重、慈祥。大凉山彝族的村寨，彝族群众都感激习近平总书记。

图1 魔芋长势喜人

唯有发展，才能让日子过得更好。在沙马坪子村，青花椒和白魔芋是农户增收的主要产业。青花椒家家户户种植，无须多高的技术。然而，白魔芋种植技术较高，田间管理严，统一播种、收获、销售，可节省劳力、成本，从而提高产量，扩大产品市场，可以比较廉价地获得生产资料和高价销售产品。

世行六期项目为当地成立沙马白魔芋种植专业合作社，发展白魔芋产业，为促进农户增收带来了前所未有的机遇。

"白魔芋亩产 1000 多斤，市场价格每斤 5 元左右。那么，仅仅是一亩地白魔芋收入为 5000 元。"吉火了日说，"白魔芋和玉米、青花椒套种，大大地增加了贫困户的收入。不过，这几年，因为全球新冠肺炎疫情的影响，价格有些浮动。"

吉火了日是合作社理事长，出生于 20 世纪 80 年代，40 岁出头，初中毕业，曾任村主任，对村情熟稔于心，深邃的眼眸流露出彝族人的安静和智慧。他的儿女继承了父亲的勤劳、善良、智慧，长子就读于凉山州民族中学高中，次子就读于自贡高中，长女和幺儿就读于芦稿镇中心校。父亲重视教育，孩子们求知勤学，他们深知知识是改变命运的重要途径。

当初成立沙马合作社，吉火了日走村入户，为村民讲解合作社的好处和优点，动员农户加入合作社。当然，有人支持，有人观望，有人对将来的收益分配持怀疑态度。经过他的屡次引导、宣讲以及村民平时对他善良、诚信的品德的了解，最终，128 户村民加入了合作社。

"有人说，白魔芋一亩地产量几百斤？"我冒昧提问。

"几百斤？！你是舍不得说哦，随便也是四五千斤。"社员地久子发，20 多岁，初中毕业，抬眼望着我，惊讶地说，"一株白魔芋根须上长出好几块球状芽体的，有时一颗魔芋甚至有几十斤呢！"

我一脸惊讶，似乎不相信自己的耳朵，说："一颗魔芋重达几十斤？"

"是的。"吉火了日从容淡定地说。

"2022年2月,永胜合作社出现过一颗魔芋重达60多斤,被县魔芋办拿去了。"李党先面露微笑说。

我暗暗地想,金阳县不愧有白魔芋之乡美誉!

图2　60多斤的魔芋

沙马合作社从2017年1月成立伊始，通过民主选举产生理事长、副理事长、监事长等，共同协商形成了一系列较为完整的管理制度。2018年4月召开监事会，讨论建档立卡贫困户和非贫困户合作社入股和收益分配等问题，对管理人员进行了相关知识培训。2018年12月召开社员大会，听取社员意见。这一路走来，辅导员李党先和原村主任、理事长吉火了日付出了不少艰辛的努力和汗水。

李党先说："理事长吉火了日，很能干，一心一意为合作社发展献计献策。他原是村主任，为村民创收付出了不少艰苦努力，做了很多贡献。"他由衷地赞美道，继而又遗憾地说，"可惜，他因超生被免职（村主任）了。"

从他的话里可以听出辅导员是颇为信任理事长吉火了日的。不过，吉火了日对于赞美之词，淡然处之，脸上的表情既不喜悦，也不惊讶。可以想象，他为白魔芋合作社的发展起了至关重要的领头雁的作用。

"2020年，合作社有了收益，赚了20万元，平均每户分红800元。"吉火了日说。

"你家种植的白魔芋纯收入多少元？"我问吉火了日。

"6200元。"他回答。

"利润分配方式，不是按照土地多少分，而是依照入社户数平均分配，有人反对吗？"

"不会的，因为这仅是利润分配。白魔芋收购时，白魔芋种植面积多，即土地亩数多的，那么自然收益多。况且，魔芋种子是免费发的，种植成本低。所以，最终每户社员都获利了。"李党先自信地说。

"白魔芋收益赢利。其中，25%的公积金，用于扩大生产经营；10%的公益金，用于合作社技术培训、知识文化教育、福利事业等；5%的风险金，用于弥补合作社亏损或不可抗拒的市场风险。"李党先莞尔一笑，"余下的60%，按章程，先提取10%以现金的形式直接发放给建档立卡贫困户，剩下的由理事会按入社社员的股份份额分红和交易量分红。"

"贫困户入股多少元？"

"贫困户每户入股金300元，非贫困户500元，统一缴存合作社账户，退社自由，股金归还。"

除了农户或是社员的合作社收入，沙马白魔芋种植专业合作社还拓宽了其他增收渠道。譬如，合作社的社员给金阳县天地精华合作社打工，一人一天工资100元，2020年合作社社员打工工资总计16万元。

座谈结束，我们下楼。

合作社楼房西侧，正在修建的楼房一层已盖好，二楼上的钢筋一根根刺入天空。

"这是吉火了日家正在修建的房子。"李党先说。

紧邻西边的是一座瓦房。院子里，屋檐下，隔着两层，下层整齐码放柴火，上层堆放少量的玉米棒子。

我们刚进屋的时候，屋里坐着的人立马起身让座，这是彝族人的待客之道。

我们围坐于火塘，聊天。

一位80多岁的老人精神矍铄，是吉火了日的外公。此刻，他坐于我们下方几米处。另外一位男人，60多岁，安然坐于主位，是吉火了日的父亲。其他几位妇女起身，走出屋外。

这是其乐融融的一家人。我想。

从前，他们世代居住的是茅草房，茅草是从山下坪子收割后人背马驮上来的。据说，他们的先祖是从邻县昭觉布约乡迁居而来的。

老人高兴地聊到今日的幸福生活和往昔的艰苦岁月，目光闪耀着快乐的笑意。

火塘上架着锅，火苗升腾。

吃饭时，主人家把苞谷饭、米饭、腊肉、鸡肉和鸡汤等分别盛在器皿中端给我们，然后起身离开在屋外等待。这是彝族人家待客礼仪。这种淳朴、独特的民风，不到过大凉山的人是不相信的，当然也是无法理解的。然而，这是彝人善良、淳朴优雅的礼仪。

吉火了日说，合作社有了收益，自然得到广大社员的积极支持。通过多种渠道，扩大白魔芋生产、销售，规模做大做强，为入股社员创收，沙马白魔芋种植专业合作社社员满怀信心，憧憬着未来更美好，相信日子越来越好。

天空湛蓝，远处的山峦挂着白云。白云往下，一座座白色的房屋清晰可辨。山色翠绿，日光明净。

这片大地，一株株白魔芋的绿，撑起了彝山美好的梦。待到秋天，我想再来看看……

延伸阅读

2017年成立沙马白魔芋种植专业合作社，注册资金为78.8万元；2020年变更后资金为83.78万元。128户730人入社（其中，贫困户69

户420人；少数民族63户390人，约占合作社户数49%）。2021年3月，合作社盈利20万元。按制度，除去公积金25%、公益金10%、风险金5%，剩余60%为社员分红12万元，让合作社社员初次体会到了分红的喜悦，也看到了以合作社为平台的产业发展希望。

图3 沙马白魔芋专业合作社培训
注：以上3张沙马白魔芋专业合作社相关图片由辅导员李党先提供

发展求变的世源
——记地莫乡合作社

牛 放

> **内容提要**
>
> 2016年,世行六期项目在四川省昭觉县启动。2017年3月地莫乡世源马铃薯专业合作社成立,其宗旨是坚持本土绿色产业,坚持可持续发展理念,把握世行六期项目的发展机遇,依托城乡建设资源,着力打造本土马铃薯产业和牛、羊产业,带动社员户同周边群众发展产业,引导农产品进城,助力合作社成员增收致富,走出彝族现代农业产品发展道路。

昭觉县地莫乡世源马铃薯专业合作社组建于昭觉县地莫镇的二五村。2017年3月1日,全乡召开宣传组建地莫乡世源马铃薯专业合作社的村民大会。2017年3月6日,筹备小组组织村民召开合作社成立大会,昭觉县地莫乡世源马铃薯专业合作社成立。

地莫乡全乡3854户,入社社员1337户,建档立卡贫困户527户全部加入。通过合作社社员大会讨论通过,入社社员以现金入股,每户交纳100元，社员总数为1337户，总股金13.37万元。合作社中一般户810户，计810股，占60.58%；贫困户527户，计527股，占39.42%。项目投资形成的有形资产，按贫困户占1.5股、非贫困户占1股的方式量化到全体社员。股金按社员出资额100元1股的方式计算。今后项目赠款资金进入合作社后，将其形成的有形资产分为股份，按1∶1.5的方式分配，一般社员户分1份，建档立卡贫困户可分1.5份，以此类推计入各自名下。

图1 世行办工作会议后，地莫乡合作社建立

地莫乡世源马铃薯专业合作社成立后，新建合作社办公用房100平方米，投资15万元；购置业务办公设备投资2.35万元，办公家具

投资 4.21 万元；新建产品收购点 1 个，投资 7 万元；合作社获得市场开拓补助 2 万元，投资 30.56 万元。

种植养殖生产，科学的技术培训走在前

合作社依靠地势的优势，主要发展马铃薯产业。经营模式采取"合作社+农户"运作模式，合作社统一提供种苗物资、统一技术标准、统一按照市场价收购、统一加工包装后销售。

图 2　种植技术培训会

合作社社员户及普通农户，虽然有着丰富的田间种植经验，但缺乏先进的科学技术。为提高农民及社员户的种植技术，合作社邀请了昭觉县农业农村局的专家，循序渐进、分年分次地为社员户和当地农民进行了种植技术培训，让社员户和普通农民把自己的田间

管理经验和科学的种植技术相结合，更好地进行马铃薯的种植，使社员户和当地农民增收。

马铃薯播种前期，听取专家意见，进行预防病虫害处理。播种过程中，不使用化学肥料，全部使用农民自家的有机农家肥。不使用薄膜覆盖，让马铃薯在自然环境中自由茁壮生长，不使其造成白色污染，以发展的眼光来保护我们的土地资源，以使合作社更好地发展。

图3 筛选土豆

根据自身条件，发展多元化经济

合作社在发展建设中不断改变思路，谋求更好的发展，根据自身条件对合作社的产业进行了调整，发展多元化经济。

在经营内容上，合作社由原来单一的马铃薯种植销售，变成了马铃薯，西门塔尔牛，凉山半细毛羊的种、养、销一体的多元化经济模式。由于地莫乡的气候除了适合种植马铃薯，也适宜养羊，于是，合作社购入25只公羊和475只母羊，修建500平方米羊圈，还为羊群修建了草料库房及加工房。

在经营模式上，合作社由刚开始的"生产在户，销售在社"变成了"生产在户，销售在社"和"生产在社，销售在社"相结合的方式同时进行。

合作社吸取以往经营的经验教训，采取风险小的"生产在户，经营在社"的经营模式（农户＋合作社）。生产管理由社员分户完成，合作社统一发放种薯和让社员代养凉山半细毛羊，做统一指导、培训。销售由合作社负责，马铃薯和半细毛羊由合作社统一收购、销售。目前，合作社已与公司签订了马铃薯收购意向书，解决了销售问题。同时，合作社也积极开拓了凉山半细毛羊的销售渠道和延展产品。

环保和防疫，一个都不能放松

在环境保护方面，地莫乡合作社也做出了很好的规划。针对放牧可能造成的山区植被破坏、粪尿污染地表水和地下水、动物疫病传播风险、牧草种植过程中施用化肥和农药污染水体以及大气和土壤等问题，合作社果断决定控制发展食草类家畜的规模，与山区饲草供应相适应。他们提倡圈养，建起了集约化的养殖场。栏舍中的粪便及时清运，经过堆肥方式处理后施肥使粪便无害化、资源化；养殖废水经厌氧沼气池处理后，可经人工或管道运输至田间进行灌溉，不直接排入地表水体中；圈舍、堆肥区做了防渗处理，防止地下水环境污染。恶臭通过合理布置、加强通风及绿化，粪便贮存池也采取加密封盖及负压消臭隔离措施，减轻臭味对周围环境影响。加强畜牧检疫防疫工作，防治牲畜疫病；牧草种植尽量施用有机肥料和以生物手段综合防治病虫害。

图4 合照
注：左起笔者牛放、贫困户尔古日聪、随访者蔓琳、理事长马衣王、监事长吉尔科尔、牛牛

在面对疾病事故风险和卫生防疫方面，地莫乡合作社也有一套预防措施。他们要求社员在养殖生产中坚持"防病重于治病"的方针，防止和消灭疾病，特别是传染病、代谢病，更好地发挥生产性能，延长使用年限，提高养羊的经济效益。合作社引导农民开展农业保险，减少灾害损失；推广抗灾品种，降低农业企业的自然灾害风险；做好养殖业的疫病防治工作，减少病虫害和疫病对产业发展

的损失。

经过一系列得力的措施和培训,社员积极配合,实行科学养殖与习惯经验养殖相结合,世行六期项目昭觉县地莫乡世源马铃薯专业合作社的马铃薯和凉山半细毛羊产业均得到良好发展,起到了社员受益致富和引领周边农民的示范作用。

图5 合作社社员积极参加培训现场

延伸阅读

五年来，在世行六期项目资金对地莫乡的扶持下，在35岁的理事长马衣王的带领下，地莫乡有了很大的变化，土坯房早已变成砖瓦房，水电通了，汽车也可以在乡道上驰骋，孩子们可以上学读书了。2020年，地莫乡527户贫困户已全部脱贫。1337户入社社员在合作社的扶持和培训下，也全部掌握了全新的种植和养殖技能，思想上已经有了自我管理、自我成长的意识。

2019年12月政府拆大坝乡、地莫乡两个乡合为地莫镇，老百姓的幸福感更强了。5年来，合作社组织社员自主生产，在管理和运营上不断地探索和调整，最终取得了脱贫攻坚的胜利。

光明村的光明路

傅厚蓉

内容提要

在中国西南，金沙江是一条有名的河流，它从高山峡谷中一路冲撞着巨石绝壁，跟澜沧江、怒江一起切割着雄伟高大的青藏高原，形成了世界著名的地质奇观——三江并流的横断山脉。在很长的一段距离里，金沙江是云南和四川的分界线。我们今天要说的故事，就发生在金沙江左岸，四川凉山州的布拖县。

布拖县全境在横断山脉与云贵高原结合部，也是在大凉山的腹地。在漫长的人类发展历史上，布拖长期处于封闭状态。随着脱贫攻坚战的打响，各级各部门都加大了对凉山州的投入。其中，布拖县组建的农民专业合作社，在世行六期项目支持下，立足当地自然资源条件，发展高效、生态、高附加值的优势产业，实现贫困村向小康村的转变，带动了包括贫困妇女在内的贫困人口的可持续发展。

2016年3月15日，布拖县特木里镇光明村养殖专业合作社筹建小组召开了全村宣传动员大会，对世行六期项目目标、内容及要求、合作社组建等进行了宣传动员。2016年3月19日，召开合作社成立准备工作会，讨论了合作社初始股金筹集方案、项目建设内容、资金安排、有条件支持合作社发展资金股本化方案和管理办法（草案）、合作社章程（草案）等事项。2016年7月18日合作社成立，合作社筹建小组成员参加了县项目办组织的合作社组建培训。2016年8月31日，光明村养殖专业合作社登记注册。

光明村养殖专业合作社主要从事组织畜禽养殖及产品的生产、收购及销售，为成员购买养殖所需生产资料，引进新技术、新品种，开展技术培训、技术交流和疫病防治服务。合作社法定代表人为安拉土，设理事会、监事会，有理事、监事各3人。合作社社员共250户1325名。其中，农民社员1325名，占总社员的100%；妇女社员399名，占总社员的30.1%；入社少数民族占总社员的100%。全村建档立卡贫困户90户均加入了合作社。

合作社初始注册资本为62万元，入股经营权按10年计算。股权确定方面，社员初始股金为62万元，农户以户均现金2480元入股，按2480元1股计算，计250股。其中，非贫困户计160股，占64%；贫困户计90股，占36%。项目资金投入建设形成的有形资产，按非贫困户和贫困户1∶1.5比例进行量化。

引入新品种

光明村就在县城附近，交通便利，自然环境和气候条件较适宜肉牛的养殖。牛肉的营养价值高，符合现代人的消费意识；且布拖牛肉纯天然品质好，深受广大消费者青睐，市场前景广阔。因此，合作社决定重点发展肉牛产业，并按照世行的指导，引进西门塔尔牛和本地牛杂交改良，成为新的品种——西杂牛。这种牛杂交优势明显，体型大、产肉多、抗病力强、生长周期短、粗饲料精饲料都可以吃，经济效益特别明显，养殖户们都喜欢养这样的牛。

在世行六期项目的支持下，合作社建设了一个7500平方米的养殖圈舍；统一提供所需饲料，并提供牧草种子，委托社员利用自身土地进行种植后由合作社统一收购；统一开展养殖技术培训，并按贫困户优先原则，组织社员到养殖场务工；统一进行疫病防治和配种；统一收购、销售社员生产的活畜及产品，通过参加农博会、产品推介会等方式，加强同肉牛生产企业的联系；统一开展产品的加工服务，延伸产业链条，提高产品附加值。

图1 合作社养殖场

其中，集体圈舍是合作社饲养西杂牛的重点。集体圈舍包括多个牛圈、储物间、饲料间、粪便堆放池和废水处理池等，中间由露天院子连接。圈舍按照标准化设计，进门需要消毒。尿水和污水汇集到一起，经处理后才予以排放。干粪肥晾晒在院子里，其他种植合作社的人会来收购这些优质肥料。

集体圈舍统一饲养的牛采用轮流放牧制，有一半的牛放到了山上，另一半留在圈舍。过一些时间，再把这些牛放到山上，山上的牛牵下来在圈里饲养。这样可以统一开展疫病防控，降低养殖风险。在合作社的集体圈舍里，可以看到集中统一饲养的西杂牛，一头头膘肥体壮，非常健康。

给贫困妇女带来希望

合作社的组建，给光明村的贫困妇女带来了发展的希望，阿吉么俄伙大姐就是其中的一个典型。阿吉么俄伙大姐今年50岁，30多岁的时候，丈夫就因故去世了，她一个人拉扯着三个孩子，日子相当难过。为了照顾孩子，她放弃了很多做农活的事情，只能守在家里养鸡养猪，空余时间就到附近的市场捡人家丢弃的老菜帮子回家喂鸡，有鸡蛋就提到市场卖，鸡长大了也拿到市场去卖，这样供一家人的吃喝。但是鸡和蛋的收入都很有限，她想养羊养牛，但是买羊崽和牛崽的成本很高，她根本没那个钱。合作社成立以后，阿吉么俄伙像其他的贫困户一样加入合作社，分到了一头西杂牛。西杂牛什么都吃，很少生病，繁殖力强，非常适合本地环境。阿吉么俄伙积极参加合作社的培训，向专家和有经验的人学习。一年多后，母牛下了一头小牛，售后得到了8000多元的现金收入。这对贫穷的阿吉么俄伙而言，不仅是一笔重要的收入，也是她生活的希望。现在这头母牛又生了一个小牛犊，相信她的生活会越来越好。

这样的故事令人由衷地高兴。彝族同胞在国家部门的大力支持下，加上自己的勤劳苦干，生活是越来越好！

相信布拖的明天会更好！光明村的明天会更光明！

延伸阅读

布拖县是彝族火把节的发源地，是申报世界级非物质文化遗产影像资料的主要采集地，以火把节、彝族年为核心的彝族阿都文化在民间保留较为完整，朵乐荷、银饰、高腔等多次参加国际国内表演展演，素有"中国彝族火把节之乡""阿都高腔之乡""彝族口弦之乡""彝族银饰之乡""彝族朵乐荷之乡"的美称。

牛王归来

税清静

> **内容提要**
>
> 67岁的桑良银，从小养牛爱牛，一生梦想当牛王，直到快60岁时才实现了自己的牛王梦。面对世行六期项目，他认为这个项目可以让村民们实现增收富裕，他想抓住这次机会，带领乡亲们发展养牛产业。他一心扑在养殖事业上，直到把自己累趴下。生病治疗一年多后，眼看村里合作社的养殖产业濒临破产，身体刚刚恢复的桑良银重新加入合作社，并带领大家走出困境。最终，他饲养的肉牛再一次夺得牛王称号。

桑良银在床上翻了个身，他努力挣扎着想坐起来，可憋了半天劲，还是没能如愿，倒是一不留神将床边的拐杖给撞倒在地，发出"哐啷哐啷"好几声响。

"良银、良银，怎么了？"老伴从厨房跑了过来，边跑边将两手在屁股上一顿拍打。她既是拍打手上和屁股上的灰尘，更是怪自己没能照顾好老公而惩罚自己。

"我听到有人在叫我，我想去看看牛场，不知道修得怎么样了！"

桑良银终于说出来了。也许是真有人叫他，也许是幻听，他最牵挂的还是牛场。

桑良银只要闭上眼睛，他的眼前总是会出现一群群牛和一张张村民的脸。从1989年到2016年，自己做了28年村委会主任，可老百姓还是那么贫穷，是自己这个领导无能啊。如今有了世行六期项目，这是多么好的一次机会，一定要做好落地啊！

叙永县是国家扶贫开发工作重点县，乌蒙山集中连片特困地区片区县，是脱贫攻坚工作的主战场。为了搞好世行六期项目的引进，桑良银前段时间那真是煞费苦心。尽管自己已经退居二线，不再担任村干部，可他还是积极主动地去参与这个项目，因为他觉得退休了别的任何事情他都可以不管不问，可这个肉牛项目，他一定要过问，因为自己是这方面的"土专家"，全乡全县都公认的牛王呀！

桑良银出生在20世纪50年代中期，他的幼年和童年正赶上三年自然灾害和大饥荒，他所在的石厢子乡是云贵川三省交界之地，比较偏远贫穷，饥饿是他童年最深刻的记忆。他所在安乐村是汉族、彝族和苗族混居地，每年除了彝族火把节、苗族花山节就数牛王节最隆重盛大。

牛王节有一项盛大的活动，就是赛牛，家家户户都把自己家的牛披红挂彩，牵出来比赛。比一比谁家的牛养得高大，比一比谁家的牛最雄壮威武。在所有参加比赛的牛当中，最高大雄壮的牛才能被评为牛王。

桑良银从8岁就开始养牛，他从小就有一个梦想，那就是自己要养出一头牛王来。直到40多年后，桑良银两个孩子都参加工作，再也不用他管了，村委会的年轻干部也慢慢培养起来了，准备退居二线的桑良银这才重新捡起了自己的梦想。

图1　牛王节活动现场

在2015年的牛王节，桑良银精心饲养的西门达尔二代杂交公牛参加牛王节的比赛，还真获得了牛王的称号。第二年，桑良银继续探索肉牛养殖，精心饲养培养二代杂交牛王，这一次他要冲击全县的牛王。功夫不负有心人，桑良银的牛果真被选拔成了全县牛王大赛的冠军。从此以后，人们对桑良银称呼直接变了，大家都不再叫他桑良银，而是直接叫他"牛王"。

没过多久桑良银听说，世界银行有贷款项目支持四川农村农业建设，叙永县石厢子乡也在帮扶范围内，而且这个项目正是鼓励农民组织合作社，规模化发展种养殖业，并且养殖主要是饲养肉牛。养牛，那不正是自己想做的事吗？

于是桑良银主动学习宣传相关政策，积极参与合作社的筹建和肉牛养殖项目的申报。在县上乡上各级政府支持下，安乐彝家兴养殖专业合作社成立起来了，养殖场选址建设等都进行得十分顺利。

可就在这时，桑良银发现自己身体出了问题，他时常感到自己头晕、头痛、恶心，还伴有呕吐。他想也许是太累了，等过了这几天把牛场建好了，多休息几天自己就会好的。后来病情越来越严重，他以为是自己感冒了，就胡乱吃点感冒药对付着。

他就这样拖着，仍然一心扑到牛场建设上，加之要迎接世界银行该项目的负责人来检查验收，桑良银不敢说自己有病的事。他就这样硬扛着，直到检查组验收合格后，他才放松下来。可是一放松，回到家他就病倒了，爬也爬不起来，有时甚至出现意识模糊昏迷，全身抽搐，身高一米八的桑良银，体重已经从160斤锐减到不到100斤了。

2016年5月26日，骄阳似火，桑良银家人要送他去县人民医院。出发时他非要儿子将车开到合作社牛场去转一圈，正在施工中的乡亲们都停下手中的工作，纷纷跑过来，流着眼泪向牛王告别："牛王，你要赶紧好起来啊！"

桑良银想抬起手来和大家打招呼都做不到，他只能两眼望着窗外，有气无力地说："我会回来的！"

桑良银被确诊为急性脑膜炎，医生说因为拖得太久了，随时会有生命危险。幸运的是，在医院住了小半年后，病情稳定，桑良银可以回家卧床休养了。转眼一年多过去了，在回家卧床期间，他仍然牵挂着村上的合作社和世行的肉牛养殖项目。

后来当他听说村里将这个项目交给了一家公司管理，结果使这个项目经营得举步维艰时，他心里非常难受。他怪自己身体关键时刻不争气，他恨自己不能去牛场帮大家的忙，他希望自己的病能尽快好起来。

2018年12月26日，组织上找到身体已经恢复得差不多的桑良银，希望他能接手合作社的牛场。看着濒临破产的牛场，桑良银二话没说，一口便答应了。

桑良银接管牛场后，本来已经准备放弃了的老乡们，看牛王重新回来了，大家又对合作社充满了信心。他们的牛王又回来了，大家一致推选桑良银为合作社理事长，要他带领大家养牛致富。

图2 标准化肉牛养殖场

桑良银接手牛场时，牛场仅剩下30头牛，瘦得皮包骨头，不成样子。其中好几头牛还生着病，接着不久后又无缘无故地死去6头。桑良银解剖开牛的肠胃才发现，原来饲养员在喂牛时没有将草料外面的塑料包装纸分拣干净，导致牛把包装纸吃进肚子里不能消化，在肠胃里形成了梗阻。

这件事又一次提醒他要加强牛场人员培训，增强责任心。他想起自己在县上住院时听到的一些事情，知道牛场规模化养殖得讲究科学，于是他请来县农业局的专家给村民们讲课培训，找来书本和视频叫大家学习观看，向大家普及科学知识。同时，他明白要加强监管。受城里公路上的电子眼启示，他又为牛场引进了监控设备，"鸟枪换炮"为牛场安装了7台"电子眼"，从不同角度对准牛场，确保每一头牛都在监控范围之内，并将监控视频直接连接到自己手机上。别人以为他是为了防盗，其实他是为了24小时随时观察每一头牛的情况。

自从安装了牛场监控，桑良银就随时随地都离不开手机了，吃饭上厕所离不开，每天睡觉前必须看一看手机，七个摄像头对每头牛过一遍自己才能睡，起床时睁开眼要先看到手机里每头牛的情况后，再去穿衣服。有一次，他在县上参加世行项目工作会，刚散会他就迫不及待地打开手机，结果发现有一头母牛快要临盆生产了。他还通过视频发现那牛似有难产征兆，便立即给正在家里吃饭的饲养员打电话，叫他马上赶到牛场准备酒精热水等好为牛接生，桑良银自己也顾不得吃饭，为了赶时间，他放弃坐班车直接打上出租往村上赶。

图3 2022年5月14日晚，桑良银手机对牛场的现场监控画面

幸好他赶回来得及时，那头母牛真是难产。正在饲养员急得团

团转时,桑良银回来了。他立即脱下外衣,挽起袖子,两三下洗干净手臂膀子,给手和膀子喷上酒精消完毒,抹上清油润滑,直接就伸进母牛体内。桑良银将手伸进母牛肚子里,摸索着、引导着慢慢改变小牛的姿势,然后抓住小牛一对前蹄,慢慢一点点往外拉,待牛蹄扯出来后,马上用干净绳子绑上牛蹄叫人帮忙使劲往外拉,他再伸手进去帮忙引导牛头,期间还要不停地安慰好母牛,要不然它不配合或者踢伤人也有可能。还好,这么多年下来,桑良银接生了十多次难产的牛,至今都保持了母子平安的记录,不愧为牛王。

在桑良银的科学管理下,如今安乐彝家兴养殖专业合作社,共吸收了167户人参加,其中包括彝族、苗族和汉族在内的贫困户87户,达到了贫困户100%全覆盖。牛场的牛又增长到了110头。

2021年,安乐彝家兴养殖专业合作社选出的一头起源于苏格兰东北部的安格斯品种牛,参加牛王大赛选拔并再次荣获了牛王。这是桑良银饲养的牛第三次荣获牛王称号。不同的是前两次他是为个人,这一次完全是为集体。这个荣誉本应属于合作社,可群众却仍然称呼他为牛王,因为大家已经认可,不管合作社派出去的牛能不能评得牛王,桑良银都是他们心目中的牛王!

延伸阅读

本文主要讲述了世行六期项目支持的四川省叙永县石厢子乡安乐彝家兴养殖专业合作社的肉牛养殖产业发展项目中,养牛能手、致富带头人桑良银带领合作社科学养牛、克服诸多困难、加强合作社管理、转变合作社运营模式,最终走出困境的故事。

雪山关下花木兰

税清静

> **内容提要**
>
> 王永富，一个有着男人名字的女人，干的事情比男人还男人。她用自己柔弱的双肩，担负起了带领本社本村村民脱贫致富走上共同富裕的道路。她像花木兰一样，勇挑重担独当一面，主动承担了村委会工作，想方设法建立合作社，引进世界银行贷款助农惠农肉牛养殖项目，带领乡亲们因地制宜，发展养殖和种植产业，有效促进了村民家门口就业和增产增收，成了乡村振兴大时代背景下的新型妇女典型。

在四川省泸州市叙永县赤水镇，有一个著名的文物保护单位——雪山关。此关因杨升庵、蔡锷和朱德将军与这里的渊源而更加闻名天下。2022年5月14日，笔者在雪山关下的黄坪村，见到了一位在当地同样颇有名气的妇女致富带头人，她就是黄坪村6社唯一一名党员，也是黄坪村惠农养殖合作社理事长与世行六期项目的组织者和实施者——王永富。

近年来，县外资办在赤水河流域3个乡镇组织实施世行六期项目，高质量建成赤水河流域"甜橙+肉牛"全产业链，全力带动项目区20个行政村10674户46641名群众增收，为叙永县高质量打赢、打好脱贫攻坚战，同步建成小康社会提供了支持，也为国际扶贫开发交流合作提供了成功的经验案例。王永富和叙永县黄坪惠农养殖合作社就是其中之一。

图1 雪山关（税清静摄）

在赤水镇黄坪村，一提起王永富，当地村民个个竖起大拇指：这个女人了不起！简直就是花木兰、是铁娘子！

几年前王永富养牛致富的事迹传遍了雪山关下的每一条山沟，这个女人不简单哪，十里八乡都跑来看稀奇学养牛。王永富更成了村里人人尊敬的新妇女代表人物。2004年，基层组织换届选举，王永富被村民们高票选举为黄坪村6社社长。此时的王永富知道，自己肩上的责任不再是只管好自己家的地和牛，她得为全社人的生产生活着想了。2008年她当选为村妇联主任，从此全村的妇女都得由她领导了。要想领导别人，自己就得做好表率，于是她时时提醒自己不再是普通妇女，处处严格要求自己，注意自己的言行举止，更要求自己在脱贫奔康道路上要走在全村妇女的前面。

2009年，王永富又兼任了黄坪村文书，这一下要分担的事情更多了。村主任和支书放心大胆地把村里的大事小事都"甩"给了王永富这个铁娘子，王永富也不负众望，用她那柔弱的双肩挑起了黄平村这副重担。

就这样，那个曾经在雪山关憧憬梦想做花木兰的小姑娘，成长为了雪山关下黄坪村的实际掌舵人，全村465户2100人等着她这个花木兰指挥着冲锋陷阵，与贫困做殊死的总决战。

最考验王永富的事情发生在2016年。这一年世界银行对叙永县实施世行六期项目，这个涉外项目的资金申报有一定的程序，并且得满足一定的条件。当时村上开会讨论时，很多村干部都觉得多一事不如少一事，既然达不到条件就最好别申报，别忙活半天项目也没申请下来，还浪费人力、物力。

没想到王永富却站了出来，她力排众议，要大家好好抓住这次机会，没有条件创造条件也要把项目争取下来，并毛遂自荐，由自己带头来主抓这项工作。与会同志无人不知，此时的王永富通过几年的养牛，已经积累下了一笔不菲的财富，在当地也算得上是数一数二的致富带头人了。既然她认定引进世行六期项目这事能干，且她又愿意牵头来做这项工作，其他人也不好再反对什么了，说不定真搞好了还真的能够跟着她发财呢！

为了加强推进世行六期项目，叙永县外资办组织农业、畜牧、财务、工程建设等方面10名专业技术人员专门负责项目管理工作，并牵头组织扶贫、财政、农业、水务、交通、环保、群团、金融等部门单位和企业的36名专业技术人员，成立"世行六期项目技术咨询小组"，为项目提供技术支持。县外资办每月专题梳理汇总进度情况，协调解决推进中的困难和问题。每月分片区召开一次乡（镇）、村社干部、合作社管理人员会议，及时解决项目推进中遇到的困难。每季度召开一次全县项目推进现场会，交流经验，总结推广在实施项目中好的措施办法，及时召开技术咨询专家组会议，解决项目推进中出现的技术、方案方面的问题。

在各级政府和相关方面帮助支持下，王永富领着大家成立了叙永县黄坪惠农养殖合作社，她也被大家推举为合作社理事长。为了更好地为合作社的牛场工作，也为了避嫌，王永富决定关闭自己家里的牛场，并将自己家养牛改为养猪。要知道那时王永富家的牛场正干得顺顺当当，眼见从小喂到大的10头母牛就要下小牛挣钱了。老公李江才是一百个不愿意，可他怎么也拗不过他的"小表妹"。

合作社建设牛场要占地，耕地红线不能突破，只能占荒地。那些荒地平常看似无人管，可你一旦要占地主人就出来了。王永富只好将牛场选址确定在6社，自己是6社人，嫁到6社好歹30年了，再怎么样凭这张老脸还是要好办事些。好不容易流转了八亩多地解决好用地问题，接着又发现用水才是最大的问题。

牛场饲养的是活物，既要有饮用洗涮的上水，也要考虑排污下水。乌蒙山区多为喀斯特地貌，很多地方地上无水可用，因为地下水已经渗漏完了。无奈之下，牛场只好到相邻的7社去取水……

图2 王永富（右）在合作社肉牛养殖场 （税清静摄）

修路、建厂房、铺管道、进设备……180多万元投入进去了，牛还一头都没见着。王永富和副理事长黄庭枢赶紧踏上了前往贵州毕节买牛的路。为了买好牛，王永富专门请了一位老"牛贩子"去帮忙挑选。还记得在毕节买牛那天，选好的牛装上车过完地磅后，尴尬了，钱不够了。这是怎么回事呢？原来世行项目给的钱总数是固定的，不能随便更改，先前修完牛圈后，只剩下152万元可用于买牛，而王永富千挑万选的88头牛要152.9万元。

牛已经选好，这些牛在王永富眼里比自己还金贵，这会儿别说减下来一头，就是换一头小的王永富都不干。卖家不愿意少钱。王永富的牛脾气上来了，这些牛无论如何她都要给乡亲们带回村里，她在毕节牛车旁，把电话分别打到了叙永县当时的扶贫移民局，把凡是能找到的领导和工作人员都"骚扰"了个遍。本来原则上项目上的资金是有多少钱做多少事的，可局里很多人都被王永富感动了，就在王永富饿着肚子守在牛车旁等待结果的时候，局里面的领导们也饿着肚子专门为他们合作社开了一个专题会议。会议最终决定从局里其他资金中挤出9000元支持王永富的合作社买牛。

就是靠着这份"牛"劲，王永富的合作社2016年从最初8户人入户，发展到2018年近200户入户，其中包括贫困户124户。

其实，单单从自己家庭收入来说，王永富用不着这么拼。可王永富却说："只顾自己家致富，肯定不是好干部。作为村干部你就得为大家着想，你有能力带着大家往前冲时，就得带着大家往前冲。就拿世行这个肉牛项目，你不去争取，这个项目就落不到我们黄坪村，也解决不了那么多贫困户入社和就业。你看贫困社员曹祖贵，现在在牛场上班，一个月光工资收入就4000元，如果没有这个项目，这4000元到哪里去挣？"

现在王永富家自己搞种养殖产业，一般时节要请七八个人帮忙干活，农忙季节就得请一二十个人帮忙种地收割。一人一天付100至120元工资，这样一年也能带动不少家庭增加收入。除了自己大力发展种养殖，王永富还鼓励其他有条件的村民搞养殖。就在这两年时不时闹猪瘟、猪肉行情下行的情况下，光王永富所在的黄平村6社，就有6户人跟着王永富发展养猪产业。当有人问起他们投那么多钱进去怕不怕亏损时，他们都纷纷说，我们信王永富，她不怕，我们也不怕！

王永富在上级的支持和群众的信任中搞好了世行六期项目，小家的产业也越来越红火，让王永富体会到了奋斗拼搏后的充实和收获的喜悦。中国的农村就需要这样的新型农民。

延伸阅读

本文主要讲述了世行六期项目支持的叙永县惠农养殖专业合作社在发展肉牛养殖中妇女参与的典型案例。主人翁王永富不只是参与者，更是该村争取世行六期项目的发起者、组织者和项目实施的执行者，更是实现乡村振兴、共同富裕的带头人。

赤水河畔的前行者

冰 春

内容提要

有了国家前所未有的精准扶贫政策和世行六期项目，还要有一个好的村干部班子，一个好的专业合作社理事长，一个好的"领头羊"带领村民发展产业，脱贫致富。本文描写的主人公李猛，就是大文村大文宏基养殖专业合作社的"领头羊"、前行者。

人们吃到的叙永甜橙，有一半来自赤水镇大文村。从2020年甜橙成熟季起，大文村种植的甜橙，就开始行销于叙永县、泸州市和四川省内外，让村民在丰收水果的同时，也增加了收入。

大文村是叙永县最边远的行政村，在没有实现脱贫之前，也是叙永县最贫穷的村。这里地处赤水河畔，与隔河也是山峦起伏的贵州省赤水市相望。从河谷到高山，海拔起伏不均。全村面积16.67平方千米，人口519户2146人。2012年，大文村人均年收入1234元。此后，由于国家实施精准扶贫政策，日子开始好转，2014年该村人均年收入增至2376元。在中国国际扶贫中心和四川省的关注下，2016年，世行六期项目在叙永县启动，大文村作为叙永县3个乡镇20个项目村之一，由此开启了"专业合作社＋农户＋公司"发展产业和"肉牛养殖＋甜橙种植＋短期经济作物种植"的种养循环之路。至2020年，大文村人均年收入已超过1万元。

有了前所未有的精准扶贫政策和世行六期项目，还要有一个好的村干部班子，一个好的专业合作社理事长，一个好的"领头羊"带领村民发展产业，脱贫致富。李猛，就是大文村的"领头羊"。

图1 大文村宏基养殖专业合作社的养牛场

今年47岁的李猛是个土生土长的大文村人。初中毕业后，为了减轻家里的负担，李猛辍学到赤水镇动物植物检查站上班，一待就是5年。

在赤水河哗啦啦的奔流中，在苍山如海的寂静中，不甘知识和生活贫困的李猛，一边自学高中课程，一边思谋着走出大山，去如歌曲所唱"外面的世界很精彩，外面的世界也无奈"的外面世界创业闯荡。如此，有了李猛如下的简介：1999年至2002年在广东东莞由打工到开店，又用8年时间在广东佛山经商；2011年至2013年回到泸州经营煤炭生意；2014年至今在赤水镇大文村任村主任一职。现在，李猛取得了大专学历，2016年11月当选为世行六期项目之一叙永县大文宏基养殖专业合作社理事长。

没有人动员，也没有人要求，创业致富的李猛，是自己主动返乡，回到赤水河畔的大文村，带领乡亲们脱贫致富奔小康，振兴乡村的。当年还不到40岁的他，想法很简单：自己虽然富裕了，但全村还有三分之一的人吃不饱饭。这里是自己的家，李猛看到乡邻们的日子仍然过得艰苦，生活、环境没有大的改变。当时村子又是靠天吃饭之地，遇上天干大旱，农民的收成就更不行了。面对现状，于心何忍？李猛心想，自己得为造福乡梓卖力啊！

大文村距赤水镇有27千米，当时除村上通了公路外，其管辖的9个社（后合并为8个社）皆不通公路。村民种的玉米、大豆等农副产品，背出去卖很困难，没法变成现钱。2014年，当选为村主任的李猛，就是从那句耳熟能详的"要致富，先修路"的话入手，修路！在中央扶贫政策和省、市、县的支持下，2015年，村内各社间修通了公路；2016年，凡村民居住密集之地，都修通了公路。按当时每千米12万元的修路价格，李猛个人出资修建了6千米的社社通公路。有了公路，农副产品可以节时省力地卖出去换成钱了，村民的生活不再那么拮据。接着，李猛又带着村干部外出考察，选择适合村里地势、气候种植的经济作物，以致如今大文村的凤凰李，名噪川南。

"李村长好！来看李子树有没有病虫害啊？"

"李村长辛苦！来看柑儿（甜橙）挂果长势啊？"

无论是穿行在李树林、柑橘园，还是到专业合作社的养殖场和贫困户的牛圈里查看肉牛、能繁母牛的饲养情况，村民们都会热情地和李猛打招呼。村长，是当地人的习惯叫法，村民不爱用村委会主任或理事长称呼他。到田间地头，到果园草场，专业合作社成立后，这些地方已经成为李猛常去的地方。

2016年，世行六期项目在叙永县启动推进，给大文村的产业发展、脱贫致富带来了新的机遇，注入了新的活力。在县、镇两级政府和县外资扶贫项目管理办公室的领导下，经李猛和村民委员会发动，外资辅导员指导，龙头企业公司参与，组织村、组干部、肉牛养殖大户、兽医技术人员等人员召开动员大会，进村入户组织农户进行广泛宣传，组建成立了大文宏基养殖专业合作社，随之而来的是养殖肉牛、能繁母牛，种植甜橙，以及种植助农增收见效快的辣椒等短期经济作物。项目覆盖全部村民，其中建档立卡贫困户98户全部入社。

通过大文村当初的产业规划，可以窥见世行六期项目在叙永县19个村的示范引领效应：结合赤水河流域农业产业实际，建立"秸秆玉米种植、肉牛养殖生态循环农业"产业模式，以肉牛养殖产业为主，指导农户种植双季玉米，大力生产青贮饲料，以收贮加工的饲料喂养肉牛，肉牛粪便收集处理，有机肥改善土壤结构发展种植；种植双季玉米300亩；建成青贮加工基地1个，年加工青贮饲料1500吨；建立存栏50头肉牛示范养殖场1个，年出栏肉牛100头；采取"合作社＋农户"模式，发展能繁母牛养殖户30户，饲养50

头能繁母牛，年产牛犊50头，推动全村肉牛产业规模化、产业化进程；从2017年起，沿赤水河岸发展甜橙1550亩。

图 2　大文村甜橙喜获丰收

当初的这个规划，包括后来增加的环保设施建设等，世行六期项目已经完成，效益显现。处于赤水河流域特有的干热河谷气候条件的大文村，非常适宜种植甜橙、李子等优质水果，李猛他们在规划的基础上，又发展种植了750亩甜橙。如此，大文村的甜橙基地已达2300多亩，形成了产业的规模化、集约化，占据了叙永甜橙种植业的半壁江山。而凤凰李的种植，更是多达3400亩。

今天，当我们吃到汁多味甜的大文甜橙，很多人肯定不知道大文甜橙产业的发展来之不易。甜橙，从种植到产出，一般需要3年或以上的周期。山区农民根深蒂固的观念是种庄稼，那才能当饭吃。甜橙生产周期长，短期内见不到经济效益，很多农户不愿意栽种。经过李猛和村、社干部不厌其烦地与村民商谈、动员，才有了今天的结果。当然，农民的增收也是个现实问题，你不能让人家要等3年才有收成啊！根据当地海拔较高，日照时间长，适宜辣椒生长的特点，在叙永县外资扶贫项目管理办公室的支持下，大文宏基养殖专业合作社种植了800亩辣椒这种短期经济作物。辣椒生产经营采取"专业合作社＋农户＋公司"的模式，与泸州百绿食品公司签订购销合同，公司为专业合作社提供辣椒苗、肥料、薄膜，同时承诺以保底价回收辣椒，确保种植户的收益。仅2020年，通过辣椒种植，合作社实现销售收入170万元，户均收入1.3万余元，专业合作社实现盈利10万元。2021年，大文村建成一个辣椒苗育种基地，发展辣椒1000多亩，实现产值340万元。

2020年，大文村800亩甜橙挂果，150头肉牛出栏，村民们迎来了脱贫致富的春天！

种植养殖业并举，长期短期经济作物共抓，因地制宜，绿色低碳，生态农业，充分利用好世行六期项目资金和国家配套资金，这就是李猛和大文村宏基养殖专业合作社带领村民们走向幸福小康生活，振兴乡村之路的密码！

图3 2020年，大文村辣椒种植户户均年收入1.3万余元

图4 丰收后的大文村村民晒秋忙

延伸阅读

从扶贫攻坚到乡村振兴，突显出"人才振兴"的重要性。这个故事并不是结束，李猛的想法还多着呢！他和村支书、专业合作社监事人胡刚等搭档，正谋划着在沿村30余千米的公路上栽植1万株春开花（花期一个月）、秋结果的名叫中华红的桃花，和柑橘园、李树林结合，倚靠雪山关，打造乡村旅游……极目远眺，苍山如海，雄关耸峙。雪山关下，赤水河畔，一群乡村振兴的前行者正逆光而来。

带动转变的尼地领头羊
——记尼地合作社理事长孙子尔哈

蔓 琳

> **内容提要**
>
> 昭觉县尼地乡孙子尔哈合作社成立于2017年。全乡三个村委会（瓦伍村、瓦里村、乃拖村）共554户村民中，已加入该合作社的成员270户，全部为农民成员。合作社理事长孙子尔哈，年龄35岁，是一个返乡创业的年轻人。到2020年年底，他所带领的尼地乡合作社老百姓已完全脱贫。

白云翻卷，在我们的头顶变幻着阵型，起伏连绵的群山如同列阵的士兵，站在道路的两侧欢迎我们的到来。山路崎岖，道路却是新修的，这是世行六期项目修建的新路。

今天昭觉县外资扶贫项目管理主任吉木拉日要带我们去看看尼地乡合作社。尼地，彝语意为沼泽之地，尼地乡地处昭觉县西部，境内最高海拔3637米，最低海拔也在3000米，是昭觉县比较贫困的乡村之一。

图1 合照（左起：随访者牛放、吉木拉日、孙子尔哈、日古拉作）

经245国道，翻过一座座高山，离昭觉县大概一个多小时的车程，空气开始变得更加稀薄起来。城市越来越远，有越来越多的彝族同胞，裹着他们的察尔瓦，缓慢地从我们身边走过，远处有很多破损颓圮的土坯房。同行的牛放老师说，那是已经搬迁的村庄，那些土房子就是脱贫攻坚前老百姓居所。我们的车不时会因为过马路的羊群而停下来，在头羊的带领下，那些羊走得缓慢而从容。

孙子尔哈的失望

终于到达尼地乡合作社了，理事长孙子尔哈接待了我们。孙子尔哈个子不高，又黑又瘦，年轻精神，眼窝深陷，透着一股机灵劲儿。说起合作社的工作他很健谈，却依然有着彝族人惯有的腼腆。

2009年，孙子尔哈21岁。一天，他和村里的几个年轻人在山坡放羊，几个年轻人天南海北地聊天，谈到电视里看到的大城市，时尚而新奇。大家热情高涨、眼睛放光，充满了对未来的向往。孙子尔哈从小就聪明，有想法又喜欢交朋友，是那种有担当的孩子王。父亲是村长，村里的同龄人都很信任他。在他的号召下，竟有19个年轻人和孙子尔哈一起去深圳打工。

深圳的五光十色让孙子尔哈等年轻人大开眼界，但这里的高速度、高强度让他们在接下来的工作中难以招架。深圳的生活并不是他们想象的那么好，工资虽然不低，但扣除一个月的房屋租金、生活费等用度后，剩不了多少钱，有些同伴陆陆续续开始返乡。孙子尔哈不愿就这么放弃了，他不希望当村长的父亲看到他一事无成地回去。期间，他进过工厂，去过工地，跑过销售，这一干就是八年，直到2017年春节前，父亲打电话告诉他家乡的变化，他才决定返回家乡。

孙子尔哈从深圳刚回到尼地乡时，发现家乡还是原来的样子，并没有多大的变化，这让他感到很沮丧——父亲为了骗他回家说了谎话。许多村民依然没有经济来源，农作物还是以种荞麦、土豆为主，自给自足的农户们人均纯收入很低。许多贫困户家徒四壁，睡觉都是在由木板搭建的简易床上，村民的思想观念落后，不重视教育，也不讲究个人卫生。孙子尔哈看到这样的尼地乡，难过极了，失望的他开始收拾行李准备再度出门打工。

世行项目点燃希望

正在此时，世行六期项目开始启动。脱贫攻坚作为昭觉县最大的政治任务，也是最大的民生工程和发展机遇。在此背景下，世行六期项目支持尼地乡合作社成立。孙子尔哈在大家的推举下，当上了合作社的理事长。他知道通过合作社，可以将分散的农户组织起来，实行规模化、产业化的经营，通过发展集体经济，带领村民们改变，过上衣食无忧的好日子。看到希望的孙子尔哈开心极了。

实实在在的项目摆在眼前，孙子尔哈和项目办公室派下来的辅导员一起，研究尼地乡的自然优势，告诉农户们合作社的远景规划。年轻人很快就明白了合作社的经营内容，但年老的农户们刚开始是抵触的——思想落后又老实的村民认为孙子尔哈肯定是想骗他们的入股资金。孙子尔哈不厌其烦地向他们讲解。合作社成立初期，他和监事长日古拉作一起，挨家挨户去做工作，向他们讲解合作社的性质、经营内容和如何加入合作社的细节。在他的执着坚持下，最终辖区内270户村民都加入了合作社。

半细毛羊是转变的契机

孙子尔哈知道2012年农业部就正式批准对"凉山半细毛羊"实施农产品地理标志登记保护，更知道凉山半细毛羊不仅肉质细嫩，煮沸后的羊肉汤澄清透明，而且非常适合在凉山地区生长。看准凉山半细毛羊是本地特产，他决定以养殖凉山半细毛羊来发展和改变村民们的生活状态，他希望村民们都能"住上好房子、过上好日子、养成好习惯、形成好风气"。

养成好习惯、形成好风气的行动之一，是转变传统的养殖方式，提倡圈养。合作社力为社员建起了羊圈，还建起了集体化的养殖场。

栏舍中的粪便要求及时清运，经过堆肥方式处理后，使粪便无害化，既不污染环境也不让羊群通过食物交叉感染。

图2　贫困农户莫色格作以前破旧不堪的房子

合作社制定了相关措施，除了正常的防疫，每年还会采购一些常用的兽药发给农户们，请兽医到社员家中检查羊群，并给羊群打防疫针。

孙子尔哈请来辅导员给村民们上课，不仅告诉他们如何科学养殖，同时结合农民夜校、移风易俗等大力开展宣传教育工作。他知道村民们思想落后，要改变他们的观念，必须要循序渐进地对他们进行潜移默化的影响。

尼地合作社自2017年成立以来，一共给村民们发放了凉山半细毛羊3800只，270户人家每家都分得了六七只羊代养。从最初的六七只，变成现在的二三十只，老百姓的住房也从最初的土坯房变成现在的新房。

脱贫感恩

在世行六期项目和昭觉县脱贫攻坚指挥部的共同努力下，尼地乡发生了很大的变化。过去下雨就淤泥成堆的泥巴路变成了柏油路，原来的土坯房变成了新房，水电通了，家里不再坐在地上吃饭，而是置办了餐桌等家具。家里的孩子可以去上学了，手里头的钱也没有过去那么拮据，甚至有了结余。老百姓的生活开始有了盼头，他们相信，只要自己肯努力，生活就会越来越好。

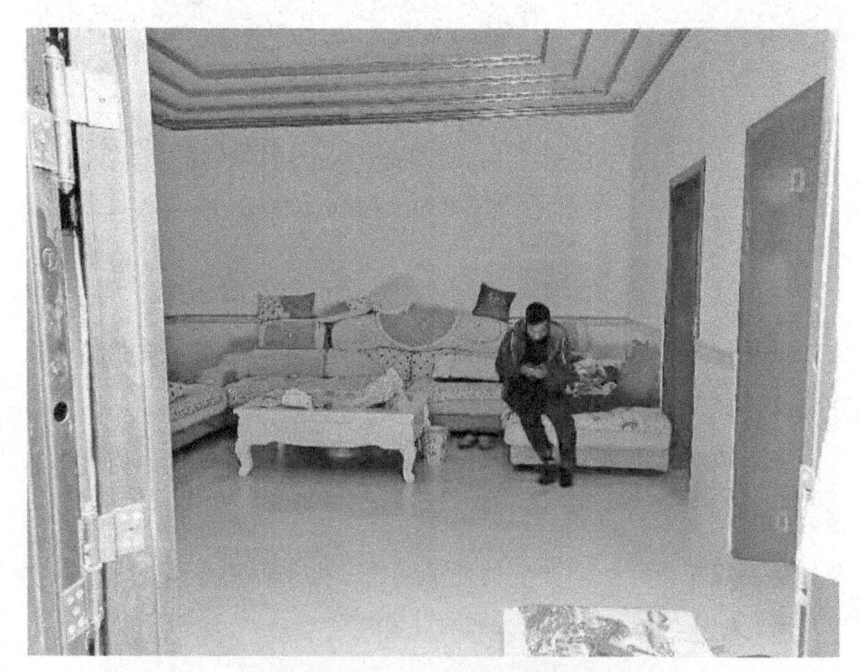

图3 贫困农户莫色格作脱贫后的新房子和新家具

2020年年底，尼地乡150户贫困农户终于高质量完成脱贫，村里老百姓的幸福感越来越足，他们感恩世行六期项目给他们带来的改变，也感恩他们遇到了好的领头人。

延伸阅读

在笔者采访结束时，孙子尔哈告诉我们，他们境内的谷克德村，2021年已建立了攀西最大的雪人谷滑雪场，而且一到节假日生意非常好，许多凉山彝族自治州和省内外的游客都慕名而来，体验凉山高山冰雪运动的奇妙。尼地乡合作社在世行六期项目的引领下，社员们已经有了自主生产、自我管理和抱团闯市场的信心。他们已经开始和滑雪场管理处接触，准备在景区里开一个专门销售凉山半细毛羊延伸产品和冰雪中品尝半细毛羊细腻肉质的羊肉汤馆，打开更多凉山半细毛羊的销售渠道，让尼地乡老百姓的收入更上一层楼……

那牺牲在脱贫路上的守望人

邹安音

> **内容提要**
>
> 在中国地理版图上,大凉山是四川西部的一条重要山脉。在中华民族的人口分布图上,它是彝族人民世代居住的重要区域。世行六期项目于此投资成立的农民专业合作社,给世代生活在大凉山深处的人们带来前所未有的体验和冲击。生活越来越好,他们更加用心用情守护着这片土地,有的人甚至用生命与之交融。比如金阳县派来镇凉平村的村支书兼永胜农民专业合作社理事长苏呷史格,以及金阳县丙底镇木尼古尔村的村书记兼半细绵羊农民专业合作社的理事长阿苦尔格……

晨起,云雾缭绕,大团大团的白云在半空低垂着,天气十分晴朗,山峦如盛开的莲花般,不禁令人神清气爽。金阳县永胜农民专业合作社就创建于金阳县派来镇凉平村。凉平村居于半山腰,俯瞰山脚,彝族民居星罗棋布。仰视山顶,白云飘浮,青山隐隐。派来镇是金阳县最偏远的乡镇之一,而金阳县又隐匿在大凉山深处,距离首府西昌朝发夕至,可想而知凉平村该有多么偏远。

2019年5月，世行六期项目投资兴建派来镇凉坪村的山道，项目全长2.4千米，2019年6月15日开工，2019年9月28日通过竣工验收并投入使用。作为世行项目的样板项目，业主单位、设计单位和中标单位对此项目的建设、安全管理、文明施工、现场质量等投入了大量的心血。此项目的投入使用给当地老百姓的生产生活带来便利，是一条名副其实的致富路。

行走路上，世行六期项目投资的成果初现。半山腰处，一株李子树已经结满果子，正等待着收获的季节。李子树边，是一户彝家人的红泥院墙，沿着山腰延展开去。民居周围栽满了花椒树，传来浓浓的生活气息。

山顶居然保留着一大片原始森林，中间有一个巨大的蓄水池，那是专门为村民修建的。森林之下，合作社之上，一大丛一大丛的杜鹃花（彝族人称索玛花）开得正艳，成为远山不可多得的灿烂风景。

但是走近合作社，却发现大门紧闭，一把铁锁，锁住了大凉山深处的金阳县永胜农民专业合作社的大门。院内空无一人，门外的野草已经长有一人多高，诉说着难以言说的悲凉。2022年3月24日，下午5时至6时许，在金星村和天地坪中间的弯道上，一辆面包车不慎坠崖，司机当场身亡。

"不好啦，出大事啦！"正在山上劳作的一个村民眼见车子翻了下去，很快招呼村民们齐聚现场，发现司机不是别人，正是凉平村的村书记、永胜农民专业合作社理事长苏呷史格。人们第一眼看见他的手臂上面戴着一个红色的"督查"袖章，苏呷史格原来是进山巡逻去的！

春天又到了，只要布谷鸟的叫声响彻山谷，大凉山就会彻底苏醒，山上森林也会尽展笑颜，昭示万千生命活力。如何保护好这一片青山绿水，成了村干部们生活中的头等大事。

苏呷史格曾经在新疆当过兵，复员回乡后，被村民们推选为村支书。合作社成立后，他又被选为理事长。或许是军人的血性使然，他骨子里有着一股永远都不服输的劲儿，所以不管再苦再累，他都不轻易放弃。亲人们从没想到他的生命会在54岁戛然而止，停止在这条他倾尽心血的村道上。

山不言，水不语，唯有山林的索玛花在静悄悄地开放，它们见证着大凉山深处的颜色一天比一天更加青绿，它们见证着每一个为之守护过的大凉山之子的成长，它们也仿佛在为着一个人的离去而悲伤。

在山的另一边，有一个名字也正在被村民们传颂，那就是金阳县丙底镇木尼古尔村的村支书兼半细绵羊农民专业合作社的理事长阿苦尔格。

时光回溯，2021年2月18日，那是一个大雪纷飞的日子，理事长阿苦尔格想去看一看村民家中的羊。那是世行扶持的项目，羊儿是从外地买回来的，阿苦尔格担心它们能不能安然度过这个大雪天。羊是村民们家中的宝，它们在下雪的时候很容易生病。阿苦尔格顶着风雪，在山上艰难前行，却不幸摔倒在地，身体严重受伤，辗转华西医院等治疗后，从此就再也没能起来。

2021年9月18日，阿苦尔格去世，从此大凉山又多了一个永远陪护和守望它的人。

图 1　索玛花在静悄悄地开放

接过兄长未竟的事业，阿苦尔格的弟弟阿苦吉罗迅速挑起了合作社的担子。半细毛羊需要科学养殖，才引进来的时候，因为不懂得科学技术，竟然连续死了好几百只，村民们很心疼。县外资办即刻组织畜牧局的专家参与，渡过了危机。目前，木尼古尔村合作社的羊有八九百只了，真真正正成了村民们的宝。

"羊养得好，母羊就生得多。一只公羊能卖 1 万多元，村民养到一定时候，就去参加金阳县举办的火把节。如果在县上得了一等奖，能得 5000 元奖金，村上还奖励 3000 元；二等奖奖励 2000 元；三等奖奖励 1000 元。"合作社监事长尤吉力古说。金阳县每年都要组织合作社骨干成员到外面考察，扩大视野。尤吉力古曾经到过泸州、贵阳等地，在华西村也待过十几天。其实，大凉山距外面的世界并不遥远。

"彝族现在不养马了，因为公路修到家门口，马儿没有用途了！彝族不吃蛇肉、狗肉，因为要保护大山；索玛花节每年都要举办，百草坡成了著名的旅游景点，村民有的发展起了旅游业。"尤吉力古说。

彝族人都想生活越来越好，但为了乡亲们的好日子，他们也不怕牺牲。大山会记住前赴后继不怕牺牲的守望人。

延伸阅读

世行投资的合作社让传统的农耕文化和现代的乡村振兴交融，彝族人以不变应万变，坚守着心中的信念，是自然的舞者，是森林的守护神，是大地永远的孩子。彝族人相信他们会受到大山的保护。远山深处，白云之下，哪里有火把舞跳起的地方，哪里就有彝族人民劳动生活的剪影。他们延续着祖先的血脉，传承着先民的文化，在这片土地上代代繁衍生息。

社员亲手绘制脱贫图，伍尔小曲做养50只羊的梦

周渝霞

内容提要

贫困群众实现脱贫致富，根本出路在于发展产业、新增就业、充实"钱袋子"。牛西和他的蜀色种养殖专业合作社正是这样认识并艰难地实践着的。贫困妇女伍尔小曲和阿牛玛玛及众多彝家妇女则通过参加世行六期项目，尝到了致富的甜头，并用他们古老的察尔瓦鼓敲响新生活的希望。

找到发展道路

蜀色种养殖专业合作社创建于美姑县龙门乡，是世行六期项目帮扶的合作社之一。合作社成立于2015年11月13日，每户出资300元，并用2分地作为出资股份折算成8000元，资金和土地共同入股。合作社原先的大部分土地种植核桃，但遇到了销售上的瓶颈，许多农户因此改种花椒等其他经济作物。

图 1　蜀色种养殖专业合作社理事长牛西

2016年，合作社因政策的原因更换法人，牛西担任理事长并接手运作。当时有一些社员对合作社的发展前景担忧，纷纷退出部分股份。刚上任的牛西面临合作社是继续发展，还是就此止步的困境。此前的牛西一直在外打工，积累了一些实干经验。他头脑很清晰，知道自己要干什么，作为本乡本土成长起来的人，他也知道自己必须要带领合作社找到适合自身特色的发展道路："还有社员相信我，我必须干好才说得过去。"

为了舒缓大家的紧张情绪，牛西采取延缓危机的方法。他把300元入股现金退还给农户，只剩下2分地作为股金，但因为这些地块十分分散，所以无法规模化种植。为了让股金不再成为社员的心理负担，放下包袱轻装上阵，牛西和他的团队只能咬牙重新开始。

合作社经过调整后有了新的发展。2019年，合作社完成了

12公顷的核桃高位嫁接项目，扩大了花椒种植基地，开拓了养殖销售市场。每户社员又主动参股100元为合作社添砖加瓦。到了2021年，蜀色合作社共有907户农户参与，涵盖了6村3800多人。

增加集体收入才能更好地调动农户积极性

按照世行"五个统一"的要求，合作社给农户分配了羊，每户一只，有些还不止一只。此外，还给农户发了6000多只鸡苗，修了1000多个羊圈。说到合作社的运营，牛西心里充满感激："期间遇到了许多困难，但县上各部门和世行项目都给了我们许多帮助和支持。"在世行的许多项目都已接近尾声之际，蜀色种养殖专业合作社的花椒种植又增加了200多亩。牛西对合作社的未来信心满满："前期的种植养殖在今年就可以有收益了，明年会更好。"

2021年，合作社为了增加整体收入，购买了500只绵羊，开始集中养殖绵羊，还种植了一些饲草。虽因气候的原因有了一些损失，但目前绵羊养殖效果还不错。近几年，合作社还采购了花椒加工机械，修了花椒加工房。

总结近几年合作社运营的经验，牛西坦诚地说："过去，我们这里是一方水土养不活一方人。正是世行六期项目的实施，给出了直接增加贫困农户收入的'最优解'。"世行六期项目改善了贫困社区生产和生活条件，促进了农村生态建设和持续发展，从社会意义上可以说惠泽整个大凉山地区。随着项目的推行和扶贫资金的持续投入，合作社的运行机制慢慢得到完善，蜀色合作社扶贫工作的水平也得到了提高。

牛西等牵头人也在世行这个项目中得到了锻炼，尤其是世行六期项目实施中的一些理念、创新的扶贫体制机制和严格的管理制度，都让这些山里汉子有了新的认识。"前几年只是盲目地希望能为农户增加收入，但在实践中还是不得其法。而世行项目的集中养殖能够有效地帮我们增加集体收入，这样一来，才能更好地调动农户特别是贫困户的积极性。"牛西说。

合作社社员吉尔曲体亲手绘制脱贫路线图

瓦古觉村是蜀色合作社覆盖的6个村庄之一，它建在地势稍缓的坡地上，村落的民居错落有致地从348公路边延伸到了半山。

吉尔曲体是瓦古觉村去年刚上任的村主任，也是合作社的社员。在担任村主任前，吉尔曲体除了从事农业种植外还做一些小生意。吉尔曲体于2017年加入合作社，并在世行项目的帮助下修葺了羊圈。2019年，合作社发了一只母羊和20多只鸡苗。经过四年多的养殖，吉尔曲体现在已经繁殖了10多只羊，并放在亲戚家放养。

吉尔曲体介绍，在合作社项目中，村上的妇女发挥了"半边天"的作用。妇女对农民专业合作社的认知和态度都很到位，普遍支持项目建设，希望通过成立合作社带动产业发展，拓宽收入来源渠道，提高收入水平。总而言之，这里的女性对参加合作社的意愿非常高。

在瓦古觉村村委会的院外，正好有几个妇女聚在一起聊天，吉尔曲体便随便邀了两个相对贫困的妇女来讲述自己的故事。

社员亲手绘制脱贫图,伍尔小曲做养50只羊的梦

图2 吉尔曲体(左一)亲手绘就的扶贫宣传图

伍尔小曲做养50只羊的梦

53岁的伍尔小曲中等个子,显得很精干。她坚持读完了小学,这在村里同样岁数的妇女中是值得一提的经历。伍尔小曲介绍,自己家里有9个人,除了两个女儿已经出嫁,还有5个孩子,全部读完了初中。老大在成都,已经大学毕业,正在找工作。丈夫带着两个儿子在深圳打工。小儿子也初中毕业了,在家帮助她放羊务农。家里有6亩地种着玉米,养了13头猪、2只羊、28只鸡。参加世行项目以来,羊已经卖出去了5只。在美姑,一只羊能够卖到1000多元,一只鸡值100多元,仅此一项,伍尔小曲家每年增加了5000元以上的收入。伍尔小曲微笑着数着自己的家底,像是在数着美姑天上的星星一般。

而在搬入新居、参加世行养殖项目之前，伍尔小曲家人均年收入不到 2000 元。2018 年开始精准扶贫，家里的收入也只是刚好脱贫。如今家里养殖、种植加上外出打工的钱，估计每年人均会有 8000 元左右的收入。说到这里，伍尔小曲抿嘴而笑，脸上的酒窝盛满了"美姑红"。

伍尔小曲说自己从加入合作社开始养羊四五年了，参加了一些培训，"咋个养羊，咋个养鸡，咋个种青苗，没事就往合作社跑，一是听信息，二是交流养殖经验"。伍尔小曲很主动地接受新知识和信息。

或许就收入来说，外出打工挣钱是这个家庭富裕的主要因素。种植养殖的收入对她的家庭来讲只是一个补充部分，但是伍尔小曲还是很看重这一部分，毕竟那是家庭存在的根本。伍尔小曲的丈夫也打电话回来说只有家里好了，他们在外打工才安心、放心。

伍尔小曲说自己很喜欢养殖，喜欢放羊，也喜欢世行这个项目，如果可能的话她愿意养更多的羊，至少可以养到 50 只。"政府补贴和优惠嘛，对一家人来说是很好的事情。卡莎莎，我很拥护的嘛。"说到这里，伍尔小曲又抿着嘴笑了起来。

和伍尔小曲坐在一起的，还有 42 岁的阿牛玛玛，她是两个孩子的妈妈，女儿读小学三年级，怀里抱着 4 岁的儿子。

阿牛玛玛家里有 5 亩地，1 亩玉米地、4 亩花椒地，地里还间种了土豆、黄豆、四季豆等低矮植物，可以增加未挂果前的收入。阿牛玛玛说，花椒树今年挂果了，会有收入的。家里还养了 30 只鸡、8 头猪、1 只羊。鸡是几年前世行项目发的鸡苗，已经卖了 30 多只了。阿牛玛玛说自己很喜欢养殖，每年都要参加三四次培训，从来没有缺席过。阿牛玛玛说，文化低了，啥子都要学习，花椒种植、畜禽养殖，还有关于防止鸡瘟等知识，都要学习。和伍尔小曲一样，阿牛玛玛的丈夫也在外打工，虽然是临时建筑工，但一年也可以挣个三四万元，加上家里务农的收入，生活已经得到了很大的改善。

图 3　伍尔小曲的微笑

　　2020 年，曾经网评为全国十大贫困县之一的美姑县脱贫摘帽。这个目标的实现，来自国家的帮扶，其中也离不开世行六期项目的扶持。当然，还离不开村民们自身的努力。

　　其实，伍尔小曲和其他的贫困户一样，愿望都是真诚而朴实的，那就是从一只羊、一只鸡或一头猪养起，养着养着就变成一群羊、一群鸡或者几头猪，养着养着就成了家的底子，成了美好生活的基石。

妇女在脱贫项目发挥作用的几点启示

从伍尔小曲和阿牛玛玛家境的变化，我们直观地看到了项目对妇女产生的正面影响。

首先，妇女在脱贫致富的征程中，始终是重要的主力军之一。她们坚忍不屈、勤劳善良，想改变现状的意愿非常强烈，也更加务实。在美姑，无论是种植还是养殖，妇女都是主要劳动力和生产能手。规范化的种养殖让这些妇女重新认识了自己，其能力也得到了发展。

其次，同样重要的是项目能够切合实际，这也是世行六期项目的宝贵之处。从伍尔小曲等人的实践看，世行六期项目符合美姑实际，且门槛低、目标远，妇女们可以从小看大，也可以做大。妇女介入的可能与可行都有了，所以有一种看得见的不一样——妇女们的精神面貌已经发生了不同变化，微笑开始常驻脸上了。

再次，参与项目的妇女普遍接受过一定程度的教育，有接受新事物、新思想的基础。她们调动自身积极性，有参与项目改变命运的自觉意识，这不仅具有经济意义，更有社会意义。角色变化带动家庭改善生活质量，生活水平随之提高。尽管看起来还稍有些缓慢，但是妇女在家庭与社会中的地位也有了一定的改善。

最后，项目培训是个必修课，妇女也是参与培训的主力军。应该说，种植、养殖技能的培训也是职业教育的一种模式。通过培训，改变思维方式，改变种植习惯，同时也对生活环境、习惯的改变有了促进作用。从蜀色种养殖专业合作社的运作和伍尔小曲等人的实践来看，项目培训的结果是令人信服的。培训建立了妇女们的致富信心，让她们有了底气，新生活也有了明确的方向和盼头。

妇女在世行六期扶贫项目中的表现和成果是令人欣慰的，这将为未来乡村振兴打下一定的基础。相信经过更好的总结规划，妇女能在乡村振兴中发挥更好的作用。

/ 延伸阅读 /

美姑蜀色种养殖专业合作社办公室位于龙门乡人民政府院内。合作社成立于2016年9月20日，覆盖瓦古觉、塔哈、尔拖、树布依洛、尔马千、哈姑、红毕、尔河8个行政村。2019年，合作社完成了12公顷的核桃高位嫁接项目，项目实施覆盖3个村232户12公顷48600株，其中树布依洛村141户32817株，尔马千村16户5152株，哈姑村75户10631株。这一项目的实施很好地为当地农民致富创造了平台。

图4　瓦古觉村的妇女们在参加培训（牛西摄）

大凉山女人的力量

——洒拉地坡乡合作社的沙古阿牛

牛 放

> **内容提要**
>
> 在昭觉县世界银行第六期扶贫项目办的指导下，2016年3月25日洒拉地坡罗呷呷养羊专业合作社挂牌成立。洒拉地坡乡合作社社员沙古阿牛因丈夫在放羊时意外掉下山崖，无法完成代养羊的工作，便勇敢地担起了放羊养家、独立生产的担子，为彝族妇女做了一个好榜样。

小日子撞上大项目

沙古阿牛是位彝族妇女。在大凉山的彝族聚居地区，女人放牛放羊的并不多见，因为传统习惯这是男人的活儿。这事情还得从头说起。

昭觉县地处大凉山腹心地带，西距州府西昌100千米。昭觉在彝语中意为山鹰的坝子。沙古阿牛就出生在山清水秀的大凉山昭觉县的洒拉地坡乡。

　　沙古阿牛像大凉山不少的彝家女孩一样,这辈子不敢奢求美好的爱情,只求能遇到一个基本过得去的男人,只要他脾气好,对自己好,那日子就是好日子。同村的青年石一比者悄悄看上了沙古阿牛,托媒人到沙古阿牛家说亲。其实沙古阿牛也早就心仪石一比者了,但女孩子碍于面子,说不出口,正好石一比者托媒上门,这门亲事便不费力气地成了。两人按照昭觉县洒拉地坡的彝族风俗,举办了隆重的婚礼。婚后,小两口生活幸福,不久又添了小宝宝,日子更是美满。他们俩家里家外的事情由丈夫做主,她能做的就是料理好家中的杂务,照顾好丈夫、孩子的起居。对于一个彝族的女孩子来说,她原想着,这辈子也就这样了。

图1　放羊草坡

2016年，昭觉县推行世行六期项目，沙古阿牛所在的乡也将成立洒拉地坡专业合作社，并成立相应的合作社理事会和监事会。大家选举罗呷呷担任理事长，于是，"昭觉县洒拉地坡罗呷呷养羊专业合作社"就这样于2016年3月25日挂牌成立。

夫妻双双把社入

合作社成立之初，就动员乡里百姓，特别是贫困户积极参与。石一比者和沙古阿牛夫妇不能完全理解，觉得小日子过得还不错，比自己贫困的人多的是，觉得自己两个大人养一个孩子，无论是种田种地、放牛放羊，还是进山挖药，劳力都是绰绰有余的，他们这样的人家就算不外出打工，就在本土本乡劳动生活，也不会贫困到哪里去。

合作社本着自愿的原则入社，绝不勉强任何人和家庭。但县上、乡里和合作社的人没少做工作。他们又是家访，又是谈心，苦口婆心地反复讲解加入合作社的分配制度。除了扶持脱贫，让合作社社员获利，不会有丝毫有损于加入合作社农户的事情和行为。几番游说，夫妇俩先后看到很多熟人邻居都加入了，最后终于动了心，不仅决定加入洒拉地坡罗呷呷养羊专业合作社，丈夫还成为理事会成员。

对于合作社的情况，沙古阿牛只是一知半解。她一个女人家，也不需要知道那么多，只要自己的男人明白就行了。所以，更多的时候她都是通过丈夫来了解情况。丈夫跟她说，合作社就是让我们村里的人入社入股当社员，然后合作社会发牛羊让我们帮忙代养，养好牛羊就能分到钱。她不知道什么是"养好"，是不是不死就是养好,或者养得膘肥体壮的就是养好?她不管这些,也不问丈夫,她觉得丈夫说好就是好。她听丈夫这样一说,顿时觉得这个合作社还挺好的,自己不用出钱买牛羊,帮合作社代养还能顺便赚钱,何乐而不为呢!但是,合作社的具体事情基本都是丈夫参与,她主要就是帮忙给牛羊喂饲料。日子就这样一天天过着。

悬崖幸存,希望渺茫

世事难料,真正富裕的好日子还没有到来,沙古阿牛家的祸事却从天而降。

那天,丈夫石一比者像往常一样,吃过早饭就出门去山坡上放羊去了。石一比者坐在草地上,一边看着一天天壮大起来的羊群,一边憧憬着未来的好生活。他要把那些养羊换回来的钱首先给沙古阿牛添置一套彝族的民族服饰,再给儿子买一个那种带拉杆的新式书包。至于自己,等以后再说吧。其实他有个埋在自己心里的心愿,等哪天有钱了,买一个袖珍的可以揣在衣服包包里的随身听,既可以当收音机,还可以播放音乐,这样他一个人放羊的时候就不会寂寞了。他这样想着,竟情不自禁地笑出了声。石一比者抬头看了看天空,湛蓝湛蓝的,羊群顺着山坡认真地吃着青草。看着自己帮合作社代养的羊群,石一比者心里像喝了蜂蜜一样甜蜜。看看时间还早,石一比者决定坐在山坡上打个盹。

等石一比者醒来的时候,天空已经下起了小雨。石一比者抬头看天,山那边的乌云全都涌了过来,挤满了天空。这是高原的天气,石一比者一点儿也不奇怪,他只是担心雨会越下越大,得赶紧把羊群收拢赶回家去。如果羊群生病了,那就亏大了。雨越下越大,下过雨的山路又陡又滑，十分难走。石一比者一边大声吆喝着羊群，一边急急忙忙赶路。民间谚语说"人忙莫好事"，瓢泼大雨让石一比者睁不开眼，看不清路。突然，他脚下一滑，一个趔趄，他准备站稳，不料身体却失去重心摔下山崖。

羊群并不知道他们的主人已经掉下山崖了，顾自照着原路回到了村里。沙古阿牛见到羊群却不见了放羊的丈夫，知道石一比者出了事故。她赶紧找人沿路寻找，终于在一处山崖下找到了石一比者。石一比者掉下山崖时，幸好崖下有几棵大树，他被粗大的树枝和茂盛的枝叶接住坠落的身体，落地时减缓了力度，人摔得不太严重，命保住了，腿却摔折了。

俗话说，伤筋动骨一百天，石一比者连续几个月都动不了，家里家外所有的活儿都自然而然地落到了妻子沙古阿牛身上。

沙古阿牛望着躺在床上的丈夫，像天塌下来了一样。丈夫一下子丧失了劳动力，她一个女人家面对这样突如其来的变故，也不知能不能把这个家撑起来。她心里除了痛苦，剩下的全是无奈和无助。

闯破难关，勇担重担

天空灰蒙蒙的，完全失去了高原的晴朗和明媚，沙古阿牛的心情也是灰蒙蒙的。没过几天，村长和合作社理事长罗呷呷及辅导员找到了她，认真又严肃地跟她谈心交心：现在你家里这个情况，孩子还小，丈夫卧床，我们大家也都了解你们的困难，可日子总得继续过下去，你们家也总得要有人承担家里的收入和支出，况且还有那么多合作社的羊要代养。人要活下去，总得有口饭吃不是，我们的意思是，现在你老公身体也不能起床，虽说你是个女人，但家里只有你能来承担这一切了。至于孩子，先送到学校去，学校管吃管喝，我们村上和社里已经跟学校沟通好了。你想想，想好了给回个电话，合作社还有一大堆事，你丈夫又是我们合作社的理事会成员，很多事都得他在才行，我们是相信你的。你好好想想吧！

理事长和合作社的辅导员是代表村里和合作社两家来找沙古阿牛的，其中的分量沙古阿牛非常清楚。他们家出了这么大的事，村里社里不能不管，但凡事都有个规矩，村里社里也没有政策依据拿出钱来无偿救助他们一家，怎么管呢？村里社里也是心有余而力不足，比他们家贫困的社员很多，唯一能做的只有精神鼓励，指条明路。羊毛出在羊身上，还得他们家自己想办法。不能眼看着这一家人毁了，大伙儿商议后，这才由村长和合作社理事长、辅导员出面，找沙古阿牛深谈，达到挽救这个家的目的。

村长和辅导员走后，沙古阿牛陷入了深深的沉思，晚上她翻来覆去闭着眼睛也没睡着。她咬咬牙，突然变得坚定起来——既然老天把她逼上了绝路，那她也绝不能退缩，必须跟自己的命运斗一斗，这个即将坍塌的家从今以后就由她沙古阿牛来顶起。决心已下，她便跟丈夫进行沟通。起初，丈夫还是大凉山老规矩那一套，觉得女的不该抛头露面，就该好好在家照顾孩子老人。她好不容易鼓起的勇气却被丈夫的态度泼了冷水，又变得有些犹豫起来。

第二天，沙古阿牛把自己的想法跟村长说了。村长听后，就说了句：这都什么时代了，这个石一比者！其实村长也明白，大凉山的老规矩是根深蒂固的，但遇到这种情况又有什么别的办法呢？村长说，你放心，他的问题我来处理。

村长出马，当然不同凡响。第二天躺在床上的丈夫就主动对她说，我不想让你做，是觉得我是这个家的男人，有什么事都应该由我先来承担起这个家的责任，不应该让你一个女人承担那么多。平时你照顾家里就已经够累的了，我真是没用啊！说着说着，丈夫就已经忍不住情绪要哭出来了。

图2 沙古阿牛（中）

过了丈夫这关，沙古阿牛对合作社的事情兴致越来越高。现在她每天都能赶着羊群满山跑。合作社的其他社员看到沙古阿牛不仅能照顾生病的丈夫，还把合作社的羊养得毛色发亮，越发受到鼓舞，更多的人加入了合作社。担起家庭重担的沙古阿牛像变了一个人，性格也变得更加开朗。她积极带动其他妇女参与合作社生产，努力改变她们的旧观念，还经常和其他社员交流养殖技能。经过两年的辛苦，她家的牛羊出栏最多。

当沙古阿牛望着山坡上白茫茫的自家代养的羊群时，她的笑容就像大凉山的月色一样美丽和恬静。

延伸阅读

生活从来都不可能一帆风顺，但只要有一颗坚强的心，人是可以通过自己的努力改变自己的命运的。

在世行六期项目和政府相关政策的支持下，洒拉地坡乡发生了很大的变化，313户贫困户全部脱贫。更重要的是，老百姓在项目办辅导员的引领帮助下，陈旧落后的观念也有了很大的改变。女人不再是男人的附属，也同样可以成为家庭的主导，或者走出家庭参加社会工作和国家建设。女孩子也可以进入学校读书、学习，让知识和见识丰富她们的头脑，慢慢改变贫困落后的洒拉地坡乡。

沙古阿牛用自己的双手和自强不息的坚定信心，在新的时代，在世行六期项目实施的过程中，塑造了大凉山彝族新女性的光辉形象，谱写了新时代大凉山女性的新篇章。

种植马铃薯，走出脱贫路
——四开乡合作社贫困户的脱贫故事

牛 放

内容提要

2017年4月，在世行六期项目的资金支持下，昭觉县四开乡洛手马铃薯专业合作社成立。四开乡合作社位于昭觉县西北部，涉及7个行政村，截至2015年年底共有3550户，其中建档立卡贫困户432户。梭梭拉打村的阿尔比惹就是四开乡的建档立卡贫困户。在世行六期项目的带领下，阿尔比惹全家成功脱贫，并在2020年年底住上了新房子，有了新家具，儿子也娶了媳妇。他皱纹遍布的脸上终于露出了幸福的笑容。

"全国脱贫看凉山，凉山脱贫看昭觉"。昭觉县是国家扶贫工作重点县，同时也是全国贫困问题最突出、致贫原因最复杂、脱贫任务最繁重的地区。坐落于此处的四开乡也不例外。全乡辖梭梭拉打、衣里木、勒格觉等8个村民委员会，耕地面积11250亩。2015年年底共有3550户，其中建档立卡贫困户432户。地理位置上，四开乡地处昭觉县西北部，距县城22千米，面积89.1平方千米，307省道贯穿全境。为摆脱贫困，四开乡成立了洛手马铃薯专业合作社。

梭梭拉打村的阿尔比惹就是四开乡建档立卡贫困户。他年纪大，身体差，但对于土地的热爱却超出常人。

阿尔比惹老汉本来不是个懒惰的人，也曾日出而作日落而息，可是贫瘠的土地并没有给他带来富裕。后来，村里外出打工的人越来越多，留在村子里的人也越来越贫困，就连本来不懒的阿尔比惹也慢慢变了，他不仅学会了抽叶子烟，还学会了打牌，喝酒更是不醉不归。

乡里的情况引起了上级部门的注意，在各方协调下，世行六期项目来到了大凉山昭觉县四开乡，帮助乡民们成立合作社，推动产业扶贫。

2017年3月15日，四开乡成立合作社筹备小组。在乡领导干部及辅导员的辅助下，筹备小组成员分别到四开乡每一个村社召开"四开乡洛手马铃薯专业合作社宣传动员大会"。2017年4月3日，四开乡如同过节一样热闹，社员们穿上节日盛装，聚集在一起，参加四开乡召开的"昭觉县四开乡洛手马铃薯专业合作社"成立大会。全乡加入合作社社员1246户，432户建档立卡贫困户全部入社。此外，会上还通过选举，选出了理事长尼惹尔从和监事长尼惹拉伍。

大凉山的土壤和气候适宜种植马铃薯，马铃薯也是大凉山传统优势农作物，所以在此基础上，大凉山创造了自己的品牌"凉山马铃薯"，并有了自己的地理标志证明商标和农产品地理标志产品，产地范围在四川省凉山彝族自治州境内。其中，昭觉县因其发展马铃薯的独特自然资源和良好的无污染环境，被誉为全国最佳马铃薯种植区域之一。2017年以来，凉山马铃薯在凉山彝族自治州境内的种植规模不断扩大，涵盖昭觉县等17个县市，610个乡镇，3752个村。

在此背景下，昭觉县四开乡洛手马铃薯专业合作社确定以马铃薯种植作为世行六期项目的主要内容。

四开乡合作社辅导员吉木尔布了解到阿尔比惹老汉家里贫困，在宣传合作社时第一站就到了阿尔比惹家。那时的阿尔比惹还住在破烂的土房子里，牛皮毡盖着的屋顶上压着石头和木条防止被风吹起。屋子里既没有像样的家具，也没有值钱的衣物，可以称得上是家徒四壁。靠土地吃饭的阿尔比惹老汉也同梭梭拉打村子里的许多邻居一样，一年四季都过着贫穷的日子。吉木尔布看在眼里，心里难受极了。

在吉木尔布的讲解下，阿尔比惹老汉终于弄清原来合作社的工作就是把零散的生产集中起来，统一生产和销售。此外，合作社还会给社员们提供需要的科学种植培训技术和管理技术。于是，阿尔比惹老汉便积极地报名了。

加入合作社后，阿尔比惹老汉更是沉醉于自己的土地。为了了解科学的种植技术和管理技术，他积极参加专业合作社的马铃薯种植技术培训。虽然培训地点在四开乡洛切吾村，但参加培训的不仅仅是洛切吾村一个村的人，还有梭梭拉打村、日历村、沟洛村等七个自然村的合作社社员和个别没有参加合作社的农户。

通过为期两天紧张愉快的培训学习，阿尔比惹学习了农业企业创办基础知识、农产品营销知识与技巧、马铃薯高产高效栽培技术、惠农政策及法规、转基因安全知识、马铃薯产业发展现状和青薯9号适栽良种及栽培模式等课程。他与60位种植大户聚集一堂，相互交流借鉴生产经验和思路方法。培训学习使他全面提高了科学的种植技术。

  这次新型职业农民培训班还让他学到了新型职业农民素养与农业发展新观念，认识到自己过去的种植方式和技能已经过时。同时，专家还对现代农业生产经营、农作物病虫害综合防控技术、农业减灾避灾技术、马铃薯育秧技术等进行了讲解。这些知识也让阿尔比惹大开眼界，深受启发。他发现要提高收入，必须下定决心扩大生产，用集体生产的力量，共同谋求生存，追求财富。

图1　合作社的日常会议

  大凉山的紫外线太强了，大凉山的风太烈了，长期在户外劳作的阿尔比惹老汉跟其他凉山人一样，过早地显出沧桑感，黧黑的皮肤、深陷的皱纹仿佛刻写着大凉山的艰辛。阿尔比惹扎根土地，精心耕耘、薅草、施肥，样样都是一丝不苟。他希望通过合作社的专业技术指导和自己的努力，让家里的经济状况好起来。

加入合作社的阿尔比惹老汉在种植管理上没少下功夫，就像呵护儿子一样呵护自己的土地。俗话说种地多流汗，丰收在眼前。他实行二茬以上轮作，以荞麦、豆类、玉米等为前茬。前茬作物收获后彻底清洁土地，入冬时进行深翻，同时撒施农家肥不少于每亩1500千克，耕深不低于25厘米，播种前耙细、耙匀，彻底做到上松下实。生产中，阿尔比惹按照"脱毒良种、适时早播，增施磷钾、平衡施肥，深松整地、双行垄作，垄土达到三次以上，综合防治病虫害"的要求进行耕种。不仅如此，在土壤耕作茬口，阿尔比惹将所使用的农机具、所施用肥料名称、施肥方式、施肥时间、施肥量、播种时间、收获时间、施用农药名称、施药方式、施药时间及施药对象等都一一牢记，做到心中有数，绝不马虎，实行科学种地。

2019年，阿尔比惹老汉蹲在自己的地边，望着眼前油亮壮实的马铃薯株苗，满心的喜悦让他满面皱纹的脸上绽开了舒心的笑容，那些被大凉山强烈的阳光过早凝聚的皱纹和古铜色的面部，显现出这位老彝族人的沉稳与坚忍。凭他种地的经验，他知道眼前的马铃薯预示着大丰收。

功夫不负有心人，阿尔比惹老汉种植的大春马铃薯鲜薯单产每亩由过去的1400多千克提高到1570多千克，每亩增产170多千克。而且收获的马铃薯质量符合凉山彝族自治州农业地方《无公害农产品马铃薯》标准。

种植马铃薯，走出脱贫路

图 2　分发马铃薯种薯的现场

虽然获得了大丰收，阿尔比惹老汉却有了心事。马铃薯储存要求高，但合作社既没有富余资金帮助农户建造相对长久的马铃薯存储基础设施，也没有能力修建共用的马铃薯储藏基础设施。因此，大量马铃薯在上市后，价格上不去，又不能存放，便只有贱卖了，所以虽然丰收了，却没有获得理想的收益。另外，世界银行的资金是具有周期性的，而每年的马铃薯种薯却是合作社统一发放的，周期一旦过去，世界银行不提供资金，合作社就再也拿不出钱来发放马铃薯种薯，马铃薯种植的可持续发展就会像断线的风筝，脱手而去了。

前两年合作社为了帮助农户高价销售马铃薯，便与对口帮扶的浙江省一些企业签订了销售合同。那些企业一是用量大，二是需要

— 115 —

每月或每季度持续供给马铃薯，最终皆因合作社没有存储马铃薯的基础设施，不能保证持续供货而终止合同。

在这个时候，吉木尔布又一次站了出来，作为合作社辅导员，他向项目办汇报了此事，并第一时间拿出合作社理事长、监事长商量的解决办法。他们希望在四开乡建立一个大型仓库，用来储存从社员们那里集体收购回来的土豆，这样就能很好地解决统一储存和销售的问题，让社员的马铃薯生产积极性更高。

2020年年底，四开乡432户贫困户全部脱贫。阿尔比惹老汉家脱贫后，家庭状态也发生了巨大的变化。他们从过去破烂不堪的土房子搬到了新修的水泥房，屋顶盖着蓝色的新瓦，儿子成亲娶媳妇自不必说，还要再盖新房、买电器、做家具。他过去盼望的要像城里人一样生活的梦想已经变成现实。通过这些年合作社的培训和新观念的不断引领，阿尔比惹也不再抱着过去"等靠要"的老观念，而是积极配合合作社工作。2021年他又主动申请帮合作社代养了几只羊，到2022年，过去的6只羊已经变成了20只。

大凉山的阳光依然明媚，阿尔比惹老汉脸上的皱纹终于舒展开来。

延伸阅读

在笔者访问时，四开乡辅导员吉木尔布告诉我们，为了四开乡马铃薯种子的储存，2021年，地莫乡合作社和四开镇（原四开乡）、柳且乡三家合作社一起，在四开镇已经联合修建了马铃薯大型储藏仓库，预计在2023年建成。仓库建成后，三个合作社收购回来的马铃薯都可以得到良好的储存。同时，他们将通过网络直播及一些电商平台以最好的价格进行马铃薯销售，社员们未来将会有更多的收入。

2020年年底，四开乡432户贫困户已全部脱贫，社员们感谢合作社，更感谢世行六期项目！

陶付先养牛记

税清静

> **内容提要**
>
> 陶付先是个苦命的女人。她自幼家贫,婚后生了许多孩子。两口子带着孩子们艰难度日,哪承想孩子还没成人,丈夫又患癌症离世,给她留下一堆孩子要抚养。幸好近些年国家扶贫政策落实到位,在各级政府和大家努力下,一家人的日子才有了起色。世行六期项目实施后,陶付先一家在帮扶单位支持下,加入了安乐彝家兴养殖专业合作社,参加了肉牛养殖项目,迈向了幸福生活的阳光大道。

苗族,是一个古老的民族。在四川南部与云南、贵州接壤的泸州市叙永县就生活着很多苗族同胞,石厢子彝族乡安乐村5社的陶付先就是其中之一。她就是通过参与世行六期项目从而改变家庭命运的。

苗族人民每年都会举行"花山节",以纪念苗族始祖蚩尤,庆贺苗族人民重建新生活。其实,花山节还有一项内容,那就是相亲。

就这样，陶付先恋爱了，一年后就生下一个胖嘟嘟的儿子，谁知这个儿子却先天残疾不会说话。

为了给儿子治病，家里能卖的都卖了，能凑的钱都凑了，能借的地方都借过了，能去的医院都去了，但仍治不好。

一年后，陶付先又生孩子了，孩子健康，也能说话，但是个女儿。两口子还想生一个儿子。努力许多年，他们才终于生出一个儿子来。

十多年里，别人都在勤劳致富，他们两口子尽忙着生孩子，庄稼没顾上，钱也没挣上，别人都开始修楼房了，他们还住在以前的破房子里，日子穷得叮当响。

2016年，世行六期项目在陶付先所在的安乐村发展肉牛养殖。陶付先一家积极加入了合作社。村上照顾陶付先家子女多，便安排她老公在牛场上班，这样他就实现了家门口就业，再也不用跑外面打工了，同时也能多照顾家里。

各级帮扶也很给力。很快，帮扶单位的猪仔送来了，对口帮扶人的鸡苗送来了，一时陶付先家六畜兴旺，充满了人间烟火。陶付先主内，负责带娃、养猪、种菜；老公主外，负责种地、打工补贴家用；孩子大的外出打工，小的该上学的上学，放学回家割猪草、喂鸡、做作业，一家人热热闹闹其乐无穷。勤劳的陶付先在家里发展养猪，一下养了十多头，其中母猪就养了三四头。没几年，家里就大变样了，也跟其他人家一样，修起了两层小楼房。陶付先带领孩子们把家里打扫得干干净净，收拾得舒舒服服的。

一切看似都在向好的方向发展，但是天有不测风云，陶付先老公的身体出现了问题。

陶付先老公经常感觉头痛，他没在意，后来人越来越消瘦，精神头越来越差，他还是没管，以为是太累的原因，再加上牛场上班离不开人，不多的工资也不敢乱花，得为在外读书的孩子们留着当生活费、学费。

就这样，她老公的病一拖几个月过去了，眼看着人越来越不行，到县医院一检查，已经是恶性肿瘤晚期。陶付先的好日子才刚开始，就戛然而止了。虽然顶梁柱倒了，可这个家不能塌，陶付先必须用自己羸弱的双肩，支撑起这个家。可是光靠她一人能支撑得起吗？

"一方有难，八方支援。"除了各级政府组织和社会各界对陶付先一家的关心和爱护，合作社理事长桑良银也伸出了援助之手。为了救助陶付先一家，他没有直接向他们送钱送物，而是采取了另外的方式方法，力争让她们靠自己的力量，建设好自己家。

叙永县通过引导建档立卡贫困户借村级产业发展基金入股合作社，确保建档立卡贫困户入社率达到100%。贫困户所借的村级产业发展基金由合作社在贫困户分红收益中分批扣还。全县采取各种措施使项目区1639户贫困户加入合作社，约占项目区总贫困户数的76.84%。部分项目村贫困户入社率达100%。当然，陶付先家也是其中之一。

作为建档立卡贫困户，帮扶单位帮陶付先出资入股了安乐村彝家兴养殖合作社，合作社的牛场优先录用陶付先到牛场打工，还优先收购陶付先家的牛草和粮食。别人一天的工资是100元或120元，给她总要增加20元，收购她家的粮食、草料也比别人家的高10%

到20%。在安乐村彝家兴养殖合作社，桑良银的这些照顾政策，没有一个人反对，同时大家都时常力所能及地帮助陶付先。

陶付先的情况并不是个例。2019年安乐村彝家兴养殖合作社为做好养殖产业发展，采取"合作社＋农户"模式，由合作社统一采购饲草草种发放给农户，待农户种植收割后，合作社按市场价回购，形成了稳定的产业链，达到双赢格局。2020年农户种植饲草实现收入140万元，较往年增收45万元。合作社聘用建档立卡贫困户为饲养员，负责示范养殖场的肉牛养殖。在饲养过程中，聘请建档立卡贫困户作为合作社临时工，负责下料、青贮等工作。截至目前，合作社临时性用工189个，为饲养员及临时工支出工资10.37万元。此外，农户们像陶付先一样，把合作社免费提供的牛粪用于种植牧草，种植收割后由合作社按市场价购回以增加收入。同时，合作社收农户的饲草用于养牛，也极大地降低了饲草的运输成本。

合作社就像一个温暖的家，痛失丈夫的陶付先又重新感受到了家的温暖。她无以为报，只有拼命工作，努力把自己家庭、孩子照顾好，把合作社的牛喂养好。在牛场，她除了割草、喂牛、打扫牛圈卫生，还悄悄"偷师"学习养牛技术。

有一次，牛场一头母牛要生产，陶付先硬是在牛圈里瞪着眼睛，饿着肚子陪了母牛一天一夜，直到母牛顺利产下小牛。她把小牛擦洗干净，看着小牛顺利吃上了牛妈妈的奶后，才欣慰地回家吃饭睡觉。安乐村彝家兴养殖合作社理事长桑良银把这一切看在眼里，乐在心里，他知道，这个女人又要把生娃儿的执着劲头用来养牛了。

> **延伸阅读**
>
> 本文主要讲述了以苗族妇女陶付先为代表，世行六期项目在四川省泸州市叙永县石厢子彝族乡安乐村带动村民致富的具体实践情况。在经历家庭变故后，陶付先通过参与合作社养牛，并在合作社的照顾下成功过上了幸福的生活。

一个乡亲都不能少

孙建军

> **内容提要**
>
> 四川省泸州市叙永县石厢子彝族乡安乐村5社的肖卫国一家三口生活困难。肖卫国高血压引发脑卒中,中风后半边身体失去知觉,生活不能自理,完全失去劳动能力。老伴郑明学多年骨质增生伴有甲亢,长期腰杆不能直立,只能做一些手上的轻活。幸好他们后来加入了世行六期项目支持的安乐村彝家兴养殖合作社。项目资金主要用于新建合作社的组织能力建设和投资,项目资金投入形成的资产股权量化到贫困户,保障贫困户有优先股,从而确保了项目村和农户实现多渠道增收。

2020年5月17日是第三十次全国助残日,其主题是"助残脱贫 决胜小康"。近年来,各地通过扎实举措推动贫困残疾人脱贫。一批身陷贫困的残疾人,在一系列政策帮扶下,重新燃起生活希望,奋发创业、脱困自强,书写出精彩人生篇章,点亮拥抱幸福生活的梦想。泸州市叙永县石厢子彝族乡安乐村5社的汉族农民肖卫国一家便是其中之一。

肖卫国的故事要追溯到 2014 年 3 月的一天。这天，肖卫国天还不亮就醒了。儿子外出打工，老伴郑明学身体不好，重活累活都落在了他的身上。这两天，肖卫国时常感觉头晕，他不以为意，认为应该是下地累着了。肖卫国怕把老伴惊醒，轻轻爬了起来，披上上衣，想老伴一天到晚也挺辛苦的，让她多睡一会吧。

肖卫国轻轻地将两只脚先后挪下床沿去地上找鞋，突然，他脑子又是一阵眩晕，接着整个人便"扑通"一声栽倒在了地上。

老伴郑明学被响声吵醒，只见肖卫国直挺挺地躺在地上，全身抽搐，口吐白沫。"卫国，卫国，你怎么了？你别吓唬我啊！"可是任凭郑明学怎么喊，肖卫国都没有反应。郑明学想去把老伴从地上拉起来，怎奈自己身体不好，弱小无力，怎么也没办法把老伴弄到床上。她只好将床上的被子拉下来，把肖卫国的身体侧过来，把被子塞进去，再将老伴身体使劲翻过去，好让被子垫在他的身体下面，不让他着凉。

给老伴垫好盖好后，郑明学倒了半碗温开水，打算给老伴灌进去，可是肖卫国嘴都张不开了。郑明学没办法，便一头冲出了家门，大声呼救："来人啊！救命啊！快来人啊……"那天早上，郑明学那苍凉的呼救声划破了乌蒙山宁静的早晨。郑明学的呼救声让整个安乐村 5 社的人都惊醒了，大家纷纷披衣起床，陆续跑到肖家，七手八脚地将肖卫国抬到了石厢子彝族乡人民医院。医院初步检查诊断为高血压引起的脑卒中，必须立即转送到县人民医院进行抢救。

肖卫国的命是保住了，可是却留下了半身不遂的后遗症，半边身体失去知觉，生活不能自理，完全失去劳动能力，连洗脸都无法自己完成，随时随地都需要别人照顾，再也没法做家务，更别说干农活了。

而老伴郑明学多年骨质增生伴有甲亢，长期腰杆子不能直立，只能做一些手上的轻活。儿子30多岁了娶不上媳妇，长年在外打工。肖卫国住院期间，他儿子倒是回来照顾过一段时间，可一家人再无别的收入了，无奈之下，肖卫国出院后，儿子还是得出门打工。

就在肖卫国儿子再次出门打工的那一天，当时的安乐村党支部书记找到了他，并告诉他，放心出去打工，多挣些钱回来更好地孝敬两位老人。有党的精准扶贫政策，对口帮扶单位的帮助及村里合作社和乡亲们的支持，党和政府不会丢下他们不管的。

不久，对口帮扶单位叙永县住房和城乡建设局便上门走访，承诺要为肖家翻新房子，改善他们的居住条件，帮他们买来猪仔和鸡苗，还要帮助肖家加入村里的养殖合作社。

2016年6月，世行六期项目在叙永县赤水河干热河谷气候贫困地区实施。项目涉及综合价值链开发和公共基础设施与服务，总投资1亿元人民币。其中，国外贷款827.38万美元，折合人民币5047万元，国内配套4953万元。项目覆盖赤水镇、石厢子彝族乡、水潦彝族乡3个乡镇、20个行政村，10591户，共计47286人。项目的实施将有力助推项目区群众脱贫致富。

在项目框架下，村里专门成立了安乐村彝家兴养殖合作社，实行股份制承接养殖肉牛项目。为了不让一户人掉队，对口帮扶单位叙永县住房和城乡建设局替肖卫国出资2200元，按照合作社最高限购标准，投入了220股作为合作社原始股份。

加入合作社后，合作社照顾肖卫国家，优先收购他家的粮食和草料，想方设法地为他们增加收入。每到逢年过节、农忙时节，省、市、县各级下派帮扶干部都会重点关注肖卫国家，对口帮扶单位也会派出人员帮助他们家干农活。有时实在忙不过来，就动员或者出钱请人帮助肖卫国家抢收粮食。大家的无私奉献和付出，让肖卫国切身感受到了温暖，也让他儿子能放心在外打工挣钱。要知道，得病初期，肖卫国曾抵制治病。

　　正是老伴郑明学的爱和社会各界的关心与帮助，才让肖卫国重新扬起了生活的风帆。如今，肖卫国虽然半边身体失去了知觉，但他坚信，以后的日子一定会越来越好。如今，在安乐村5社，时常能看到肖卫国用剩下的那只好手拄着拐杖，侧着身子，用剩下的那只好脚，以及另外一只不听使唤的"坏腿"，一点点往前挪动，也时常能够听到他跟人打招呼的声音，虽然含糊不清，但是中气十足。

　　肖卫国和郑明学，两个人虽行动不便，仍然撑起了一个家，因为在他们的身后，还有党和政府，还有帮扶单位，还有绝不把他们丢下的合作社和父老乡亲。

/延伸阅读/

　　本文讲述了残疾村民肖卫国一家在合作社的帮扶下自强自立的感人故事。世行六期项目支持的合作社积极吸纳、带动贫困村民，不让一个人掉队，是实现摆脱贫困、共同富裕的有效机制。

大风顶下的拉里郎

傅厚蓉

> **内容提要**
>
> 在美姑县拉里合作社有两个社员，一个是合作社理事长阿牛拉里，另一个是年近70岁的甘拉里，在世行六期项目的支持下勤劳致富。

在彝族人中，有许多人名字中带有"拉里"。我们在大风顶的山脚下，就见到了两位名字中带"拉里"的拉里郎。

阿牛拉里

52岁的阿牛拉里，一看就是那种很踏实肯干的庄稼汉。他被高原的太阳晒得黝黑的脸上，透出坚毅和果敢。

阿牛拉里祖祖辈辈都生活在这大凉山深处，过着艰难的生活。他读书到初中毕业，就外出打工，后来为了照顾家人，还是选择回到乡下结婚成家，妻子是跟他同岁的勒格石牛。婚后，他们艰辛地养育着三个儿女。一家人生活艰难，阿牛拉里总想干点什么，改变家里的情况。后来他发现村子外面的山上适合养羊，就自己一家人搬迁到山下住。2007年开始，阿牛拉里买了小羊放羊，慢慢摸索出一些养殖的经验。有几户人家就跟着他学习，也买来小羊，大家一起养，这样手里稍微有一点钱，勉强维持生活。这就是最早的自助合作社。

从2016年开始，世界银行在凉山州开展世行六期项目。美姑县借此东风注册成立了10个专业合作社，拉里合作社就是其中之一。在世行六期项目的资金支持下，这些合作社快速健康发展。世行支持合作社配套完善产业链、基础设施和公共服务设施建设，为实现农户稳定增收奠定基础。这批合作社在社员数量、村民参与度、登记管理、项目论证选择、种植和养殖规模、设施配套、人员培训、产品质量、利益分配等方面，均明显高于非世行项目合作社平均水平。

美姑县拉里种养殖专业合作社于2013年创建、2018年改组。有头脑、有想法、有养殖经验的阿牛拉里自然就被推举为合作社的理事长。县项目办请来技术员和专家对社员们进行培训，培训内容有山羊养殖技术、牧草种植技术、花椒种植技术等。每次培训，大家都摩拳擦掌，想大干一番。

拉里合作社坐落在大风顶自然保护区脚下，适合发展养殖产业。根据养羊业的历史优势、技术优势、规模优势、品种优势和饲草优势，在世行的支持下，他们提出了"以羊富民"的口号，制订了合作社5年发展规划和10年远景规划，确定了"奋战5年，实现人均3只羊，产值百万元"的目标任务。同时，原依德阿莫村村支委提出了"全党动员，全民参与，种300亩大红袍花椒，养千只以上羊，创建洪溪镇产业第一村"的宏伟目标。

几年来，拉里合作社得到世行六期项目的支持，养殖美姑山羊、凉山半细毛羊，种植大红袍花椒和牧草。合作社在世行的支持下，开展了技术指导、信息传递、物资供应、产品销售等方面工作。合作社还连片花椒种植500亩，投放山羊和绵羊1150只，畜圈改造316户。目前合作社成员共341户，1520人，覆盖了三个行政村。其中，女社员户134户，约占总社员户数的39.3%，建卡贫困户132户，554人，约占社员总数的38.7%。有的贫困户从原来没有一只羊，现已发展成成群的羊；从原来没有一棵花椒树，现已栽下几亩花椒树。收入可观地增加，令社员们对生活充满了希望。

甘拉里

年近七十的甘拉里也是世行六期项目的受益者。甘拉里身材矮壮，敦实憨厚，黝黑的脸上满是笑容。提起世行六期项目，他便用不太流利的汉语说道："现在我们生活好多了，好多了！"

热情洋溢的他指着附近和不远处半山上的一些房子说："那里便是国家给村民盖的新房。"新房地处大风顶的山脚缓坡，远处重峦叠嶂，近处山坡不急不缓，坡上种满了大红袍花椒和土豆等作物。花椒已经挂果，土豆叶子也郁郁葱葱。在绿树掩映下，坐落着一片新盖的农家房子，每栋房子都是水泥砖砌的平房，墙面涂得粉白，房顶是蓝色琉璃瓦，房子结实而漂亮。远远看去，在大山深绿的林间，矗立着一片片淡蓝的房舍，很是好看。甘拉里说："你们看现在的房子多好，不管多大的风雨，我们都不怕。"

甘拉里的家就在村道旁，前面是一个门面房，有十几平方米。走进去是一个不大的院子，太阳暖洋洋地照在院子里。院子左边是一栋有4个开间的砖瓦房，此时正沐浴在初夏的阳光里，分外的温暖和明亮。

屋子中间是很大一间客厅，里面顺墙摆了一长排沙发。客厅的天花板装修得很漂亮，有灯带、闪灯及各种式样、五颜六色的格栅，这正是他心里高兴的写照。

进到甘拉里的卧室，里面放着一张比较整洁的床和一摞三四条的被子。甘拉里的眼神里流露出的是对如今丰富物质生活的满足感和幸福感。过去，甘拉里和他的三个儿子住在草棚里，一下雨就漏水，几块木板铺上稻草就是床，被子都没有一条完整的。为了养家糊口，甘拉里起早贪黑地在地里劳作，一年四季只靠无盐少味的土豆充饥。有一年，他们好不容易攒了点钱，买回一只小羊喂养，准备养大了卖钱。谁知有一天，大儿子在山上放羊，突然风雨大作，大儿子赶紧把羊往家里赶，结果雨大路滑，大儿子摔倒在地受了伤，羊摔到沟里摔断了腿，骨头刺到内脏，不久就死了，甘拉里一家因此伤心了好久。后来，他们帮别人家养羊，别人给他们很少的一点土豆或者是荞麦作为回报。他们做梦都想要有自己的羊。

2016年，在世行六期项目的帮助下，村上成立了合作社，甘拉里是最积极的加入者。后来世行请来专家对他们进行种植、养殖的培训，他也是最积极的参加者。在世行项目组的带领下，村民们在地里种植大红袍花椒。2018年，世行提供的山羊发到村民手中，每家两只，都是优良的品种——美姑黑山羊。甘拉里和成家的大儿子家一共发放了四只美姑母山羊。他们高兴极了，这下终于有自己的羊了！甘拉里和几个儿子把羊当成宝贝，粗饲料、精饲料搭配着精心喂养，防疫、防病的程序一个都不少，全部按照专家的指导意见来。后来，小羊慢慢长大，生出了羊羔，羊羔又当了羊妈妈。就这样几年的工夫，他们家的羊就像滚雪球一样，已经有20多只了。部分变卖之后，他们一共挣了1.6万多元，这是他们家过去几辈子也没有见过的数目。现在，他们家的羊群一直稳定在十几只。

后来，国家的扶贫项目出资帮他们修建新房，他们在自家宅基地上，添了一些钱，便建成了现在这样漂亮的大房子。

花椒长势好，羊群发展快，大家的生活都发生了很大的变化，也开始重视起孩子的教育问题。阿牛拉里家的老大、老二就都在外地读大学。说到自己的几个孩子，阿牛拉里满脸的幸福和自豪："确实是不容易啊，一个祖祖辈辈生活在大山里的农民家庭，能够培养出这么优秀的孩子，谁还不高兴呢！"

谈及村里为什么有这么多人名字里有"拉里"两个字，阿牛拉里说："在彝族语中，拉里是老虎的意思。勇敢自信、敢想敢干，父母希望孩子成为人群中的佼佼者，胸怀大志，干一番事业！"

有这么多的"拉里"，还有国家的关爱和支持，相信"拉里"们一定会做出更好的成绩。

延伸阅读

从2014年年底开始，世界银行就开始了世行六期项目的可行性研究。这个项目规划总投资6亿元人民币，对四川省泸州市叙永县、古蔺县，以及凉山州布拖县、金阳县、昭觉县、美姑县的49个乡镇、199个贫困村进行定点帮扶，主要支持他们组建农业合作社，以种植、养殖为主。美姑县拉里合作社按计划成立，他们的社员覆盖了3个行政村。经过几年的发展，所有社员的生活都发生了很大的变化，生活质量大大提高。

图1 美姑县拉里合作社的民居

金沙江畔的"半边天"

邹安音

内容提要

山山对峙，江流潺潺；出则繁华，入则清幽。这是金阳县芦稿镇油房村给人的第一印象。彝族、汉族世代于此居住，脸朝黄土背朝天。2015年年底，在世行六期项目资金的扶持下，金阳县德盛白魔芋青花椒农民专业合作社在毗邻金沙江畔的芦稿镇宣告成立。宛如一缕缕春风吹进山谷，江河腾起一阵阵波浪，合作社的收益给人们带来前所未有的改变。合作社成员从最初的12户迅速发展到2020年的229户，其中少数民族占36户。令人意外的是，其中以妇女为户主参加合作社的居然达到82户，她们实实在在地在大凉山深处撑起了半边天。

站在芦稿镇的街上，只要一抬头，似乎就能与对面的高山撞个满怀。山很威武，将士一般临江而立，刀劈斧削，让人敬畏。金沙江奔涌至此，或许被这险峻而幽深的山势所迷恋，一步三折地迂回出去，绕过金阳县城，继续朝着大海的方向奔赴。世行六期项目"金阳县德盛白魔芋青花椒农民专业合作社"这块牌子，就挂在芦稿

镇其中的一栋房屋门上。它宛如一名时代的见证者，似乎装满太多的故事，需要讲述，需要记录。

2015年10月5日，油房村召开宣传组建农民合作社村民大会；2015年10月20日，油房村成立合作社筹备小组；2015年11月12日，筹备小组组织村民召开合作社设立大会，确定了合作社名称为"金阳县德盛白魔芋青花椒农民专业合作社"，决定了由黄付祥、金呷日等12人作为合作社的发起人组建合作社。会议还选出了合作社理事长、监事长和理事会成员；2015年11月18日，成功注册"金阳县德盛白魔芋青花椒农民专业合作社"。

合作社成员由2015年的12户，发展到2020年的229户，其中贫困户31户，妇女户数82户，少数民族36户。

合作社的理事长黄付祥是汉族人，已50岁，长得胖胖的，性格爽朗乐观。他三言两语就概括出了自己祖辈和村子的前世今生：祖上本是江西人，于战争动乱年代迁徙至此定居。村民们在山上的乱石荒地开辟出地块，靠种植苞谷和土豆维持生活。刀耕火种、肩挑背磨，日出而作，日落而息，不与山外通人烟。

仿佛平地一声惊雷，不知道从哪一天起，山外的施工队伍浩浩荡荡地开来了，驻扎营房，修路架桥，仿佛血脉被打通，村子很快和外界有了往来。再后来，国家精准扶贫的春风也沿着金沙江吹进了大凉山油房村，一批又一批的人走了进来，送来温暖，送来真诚。尤其是世行六期项目投资兴建的合作社，因地制宜，科学种养经济作物魔芋和花椒树等。魔芋、花椒丰收后，或是电商销售，或是就近销售，方便快捷。古老的村落发生了神奇的变化，仿佛重新注入了一股鲜活的生命力，让整个村子都焕发了新颜。

按照世行六期项目的要求，入股合作社的女社员必须占社员总数的30%以上。围着厨房转了一辈子的油房村女人们从来都不曾想过，作为女主人入股到合作社，有的还在其中担任领导职务，撑起未来美好日子的半边天。

坐在修葺一新的合作社办公室里，彝族妇女吉布么阿牛抱着小女儿，总是掩饰不住脸上的笑容。她1982年出生，40岁时，前面已经有了两个女儿，可她还是冒着高龄生产的危险再生下这个小女儿。不要以为生了三个女儿的她会成为丈夫的出气筒，吉布么阿牛非常清楚自己和孩子们在家中的地位，那是"半边天"再加"半边天"，牢不可破，是丈夫心上的宝呢。

"青花椒和白魔芋是我们的主要产业，以前一年忙到头，家里都没有多少收入，现在收入增加了。自己的农活干完以后，还可以到合作社打工，更增加了家庭收入。县上、村上的干部也尽心尽责，一心想让农户增产增收，带动农户脱贫致富，我们怎么能不努力呢？"吉布么阿牛由衷地说。

陈道强是吉布么阿牛的丈夫，是一个汉族人。为了孩子的教育，夫妻俩在芦稿镇上租了房子。"做梦都没想到，世界银行会关注到我们大山沟。我们家也种魔芋和青花椒了，老婆参与管理。合作社也以她的名义入股分红。我们现在努力经营花椒地，这也是为了给孩子们一个好的家庭环境，让她们快快乐乐长大。"打通陈道强电话的时候，他正在山上的花椒地里忙碌，说起妻子，言语中满是心疼和爱怜的语气。

油房村还有多对彝族和汉族青年结合组建家庭的故事，吉布么阿牛和陈道强夫妇只是其中的一个范本。

无独有偶，汉族妇女杨明巧也是村里的"知名人物"，她性格倔强，做事果断，1970年出生，属狗，也有着专属于这一属相的真诚和善良。她和丈夫自幼青梅竹马，结婚后生下三个孩子，一儿两女。别看只有小学毕业的杨明巧学问不高，但她却认准了一条死理：不能再让孩子们过这么穷苦的日子了，只有让孩子们多读书，才能改变他们的命运，让他们走出这高山峡谷，去往更远的远方！

村里成立的合作社，给了杨明巧一个用武之地。侍弄土地成了她最乐意的事情，因为这里能实现她的愿望。靠着土地的收成，这个家庭先后培养出一个中专生和两个大学生，成了全村人学习的榜样。尤其让人称道的是陈明巧的大女儿，她金阳初中毕业后，以全校第一名的成绩考入西昌读高中，后又考入复旦大学，成为家里的骄傲。大女儿研究生毕业后，在上海找到了满意的工作，组建了自己的小家庭。大女儿几次三番想接母亲到大城市享受繁华生活，但陈明巧却有自己的想法和打算。现在生活越过越好了，儿子在彭山打工，老伴刚刚去世不久，自己一个人在家，帮儿子照看好孙儿，把自己地里种的花椒树管理好，把庄稼种好，不给孩子们添麻烦，这就是她作为母亲所追求的。

千百年来，生活在这片土地的人们，朴实得就像山上盛开的索玛花一样，一旦扎下根来，就回报给这片土地一片深情厚谊，舍不得离开，舍不得放弃，相守相伴，直至终老。

随着合作社的建设不断完善，主动要求加入的农户越来越多，妇女参与的比例也超过了30%。1964年出生的刘琼看起来比实际年龄小得多，她当上了合作社的经理。她与丈夫结婚后几乎没红过脸。夫妇俩生有两个女儿和一个儿子，并且都考上了大学，一个在成都，两个在西昌，都从事医学行业的工作。在芦稿镇上，她率先修起了一栋自己的楼房，走进她家的时候，丈夫正在和孙子玩耍。

"世界银行扶贫大凉山，感觉大凉山与世界的距离都不再遥远了。现在村子里传承了千百年的一些不好的陋习正在逐渐改变。人们多把钱存下来，哪怕在外租房子，也要供养子女读书。村里离婚的人家几乎没有，家庭和睦，孩子们自然就争气。"黄付祥很开心。

芦稿镇下，新的公路又在修建，那是西昌到昭通的高速公路，预计2025年通车。江水日复一日地奔流着，高山深沉而含蓄。它们披上了一层绿装，就像心灵平和的山里人一样，望着山外的世界和远方，固守着家园。

延伸阅读

世行关注着大凉山，大凉山也在回馈和感恩。大凉山地区的芦稿镇油房村是彝族和汉族混居的地方，两个民族互通婚姻，民族融合带来更加先进的生活理念。家庭关系稳定和谐，重视教育，子女自由成长的空间大，孩子成材的机会就多。妇女们发挥了积极带头作用，适应了新时代的新要求，成了大凉山深处的一道亮丽风景线。

图 1　杨明巧一家

各则村和阿古么子牛的卡莎莎

周渝霞

内容提要

在布拖县特木里镇各则村，村委会、各则村合作社及村上主要干部讲述了他们在运营合作社过程中的心路历程；贫困农户阿古么子牛给我们讲述了自己家参与各则村合作社项目过程中的心得和体会。无论哪一方，各则村的每一人，都在讲述经历之余表达了同样的声音：感谢世界银行对我们的帮助。

合作社是为贫困农户助力脱贫的平台

各则村位于坐落在大凉山腹地的特木里镇，是"三区三州"深度贫困最为典型的布拖县的中心地带。这里的气候和地理环境无法出产娇贵水嫩的蔬果，却是种植马铃薯的天然沃土。特木里镇是布拖县的马铃薯大镇，种植面积近 1.65 万亩，约占全县马铃薯 21 万亩的 7.8%。2012 年 8 月 3 日，各则村注册 5 万元人民币成立了布拖县特木里镇各则村马铃薯专业合作社，是布拖县较早的一批专业合作社之一，麻卡有聪担任合作社理事长。

合作社成立之初，和其他地方一样，因为对合作社了解不多，村民往往保持观望的态度。也和其他地方的带头人一样，麻卡有聪等人踏上了漫漫的劝导之路。他挨家挨户地登门拜访，向贫困户讲解成立合作社的好处，向他们描绘改变了贫穷现状的未来。麻卡有聪自己已经记不清走访过多少次贫困户了。"三天两头都要到农户家去讲解合作社的意义、扶贫的前景。"他说。

成立之后，合作社按部就班地实施着政府帮扶项目，几年下来，已经成了布拖县最大的马铃薯种植基地。2016年，世行六期项目来到布拖县，各则村产业扶贫进村入户选择了"亮剑"四招：第一招是利用好1+X林果业发展项目；第二招是继续选择马铃薯作为发展种植主导产业；第三招是整合美丽幸福新村建设资金成立养殖专业合作社，修建300平方米标准化母羊繁育基地；而第四招便是借助世行六期项目（270万元）积极打造布拖西门塔尔牛饲养第一大村。

图1 各则村的田野（吉金国摄）

推进目标与农户脱贫致富的路子同步

为了好好推进新的产业,合作社在管理和运作上下了一番功夫。尤其是在培训农户畜牧养殖技术方面,合作社请来专家,用通俗易懂的语言为村民组织了多次培训会,总计达890人次。合作社还设立了4户养殖示范户,为农户树立自己的榜样。此外,为了保障养殖安全,合作社还定期、按需配合其他部门为农户提供兽医服务。到2021年,合作社一共卖出了126头牛,贫困户也有了收益。而且,这只是项目启动不久,而在未来,农户还能拿到分红。

产业扶贫进村,旨在让村村有主导产业,户户有致富门路。2021年各则村和飞普村合并成一个村。针对缺少工作、技术、资金的贫困人口,合并后的各则村在大力发展特色农业产业的同时,也支持和鼓励富余劳动力外出务工。年轻的外出打工,在家的种植马铃薯,随着肉牛养殖产业的落地,贫困户积极性高涨,纷纷争着养牛。加上项目提供的专业运作模式,以户入股,国家扶持,全村成功实现脱贫。

最重要的运作还是转变人们的观念

合作社成立容易,但如何运作,如何管理则不容易。在麻卡有聪看来,合作社的运作实际上就是不断地调整思路转变观念的过程,这个朴素又实际的体会是合作社几届领导同志的共识。在他们看来,首先自己要学习,要转变,还要敢于挑战。

村支书吉木优惹说:"在成立合作社前,做农户的思想工作很难,口说无凭,哪怕有白纸黑字的文件,大家也不感兴趣、不相信。

但现在一切都不一样了,农户都说眼见为实,牛和牛在一起,农户会自己比较——哪家的牛比较壮。我家牛好点?你家牛好点?她家牛黄橙橙的,颜色不好看,膘不肥,肯定没好好喂养。"村里的牛、羊、草、鸡都会成为大家议论的话题。这些民间评价不能小觑,它们掷地有声,敦促着彼此不断地改进饲养环境、提高饲养水平,无形中形成了一种良性竞争。在项目实施的过程中,虽然有些观念和生活习惯的变化缓慢,但一旦开始,那就会掀起翻天覆地的变化。

图2 本文作者(左)和合作社领导(右1理事长麻卡有聪、右2村支书吉木优惹、左2辅导员吉金国)在一起交谈

当农户自身发展的动力被调动起来,便成为一种内驱力。加之现在牛产生的效益很稳定,牛生牛,小牛犊无论是公牛还是母牛,价格都很高。而且西门塔尔牛产肉量高,市场前景很是乐观,农户的积极性都很高。

麻卡有聪说："在合作社里42户贫困户中,把牛养得好、出栏又多、最有代表性的是吉机伍呷和阿古么子牛一家。"

阿古么子牛的"卡莎莎"

"绿绿的青山,绽放的索玛",这是阿古么子牛最喜欢哼唱的歌。阿古么子牛家就可以眺望高山上的杜鹃花,其彝语名就是索玛花。

见到我们,漂亮的阿古么子牛在自家院子里说,"西门塔尔牛进我家,是特别好的一件事情。"

图3 阿古么子牛在自家新房前(吉金国摄)

阿古么子牛是各则村养殖专业合作社社员吉机伍呷的妻子，也是大家眼中各则村合作社牛养得最好的那家女主人。回忆起当年开始养牛的场景，阿古么子牛不好意思地笑了起来。那是2017年年初的一天，村支书吉木优惹和村委会主任麻卡有聪来到自己家，她很惊喜，想招待一下两位干部，但家庭经济条件贫苦，找了一圈也拿不出什么好的东西招待他们，只有倒上了两碗清水让他俩解解渴。一进门，麻卡有聪就对丈夫吉机伍呷说道："国家富裕了，党和国家没有忘记我们贫苦的彝家人，现在有政策要来帮助我们脱贫致富，村里要组织一个养牛的专业合作社，目的就是带动我们村的经济发展，让我们贫困户能增产增收，早日致富。"

随后，马卡有聪又讲解了什么是农民专业合作社，加入了合作社有什么样的好处等。吉机伍呷当场表示很愿意加入。几天后，吉机伍呷就向村委会递交了入社所需的家庭资料，成功加入了各则村养殖专业合作社。

2017年10月，合作社开始分配发牛，这一过程既简单又复杂——人人都要牛，分配不好会惹出怨气、制造矛盾。合作社里便选择了一种最传统的方式——抓阄。采购牛的时候，牛的耳朵上的标签已经自带编号，于是合作社就把这些牛的编号用于抓阄，用这种原始而又公平的方式把牛分发给农户。牛是分批到达村上的，阿古么子牛看着村里的邻居都被叫到号，欢欢喜喜地牵着西门塔尔小母牛回家了，而自己家却一直没有被叫到号，便有点生气，她当即就诘问合作社理事长麻卡有聪："是不是因为我家里穷、没关系，就不分给我家？"合作社理事长麻卡有聪很郑重地告诉阿古么子牛："不是这样的，是因为牛数量多，要分批次进行发放，一家一户都不会落下，而且这些牛就是党和国家用来帮助我们贫困户脱贫致富的，不会徇私舞弊、贪赃枉法的。"

麻卡有聪接着又仔细给她讲了很多现在的政策，这些政策会怎样照顾贫困户。阿古么子牛终于吃了一颗定心丸。

又过了一个月，阿古么子牛家终于接到通知。第二天一大早，夫妻二人高高兴兴地就去了村口等待运牛车的到来。在麻卡有聪的主持下，村民们都有序地领到了自己的小母牛，每个人都喜气洋洋地回了家。阿古么子牛还记得在回家之前，麻卡有聪一再嘱咐：这些牛经过长途运输，很疲惫，回家好好照顾，需要先喝热水，不能多吃草料等。这一系列的饲养嘱咐，都被阿古么子牛和丈夫牢牢地记在心里，他们下决心一定要好好照顾这个新成员。

在接下来的日子里，县里的干部也经常通过合作社组织他们参加牛的养殖技术方面的培训，在养殖过程中，她发现这牛成长得很快，品质、品种也比当地的土牛好很多，外加县里的干部对牛也很负责，每年都组织社员进行养殖技术培训，常常来询问是否在养殖过程中遇到难题，并帮助解决问题。令阿古么子牛惊喜的是，尽管自己是个目不识丁的农村妇女，也能掌握一定的养殖技术。

现在，阿古么子牛看着自家的牛一天天地健康长大，自己也从贫困户成长为合作社最佳养殖户之一，她觉得日子越来越好，越来越有盼头了。

从领回家到今天，阿古么子牛家母牛已经产下两头牛犊，销售了一头，自己家留了一头种。在丈夫吉机伍呷外出打工的日子里，家里也能有不错的经济收入，日子过得是一天比一天好，阿古么子牛说："我由衷地感谢党和国家，还有世行项目对我们贫困户的帮助，卡莎莎（谢谢了）！"

图4 阿古么子牛牵着自家怀孕母牛在草地里（吉金国摄）

/ 延伸阅读 /

各则村养殖专业合作社，全社社员共172户，均为少数民族社员，其中妇女成员41户，约占社员户的23.84%。全村建档立卡贫困户37户，已全部入社。农户以户均现金200元入股，入股经营权按10年计算。合作社的业务活动主要从事组织畜禽产品的生产、收购及销售，为社员购买养殖所需生产资料，引进新技术、新品种，以及开展技术培训、技术交流和疫病防治服务。

合作社让我找到生活的希望

吉色日合

> **内容提要**
>
> 本节记录了贫困户沙马以体从对世行六期项目的一无所知到加入世行六期项目,并自觉遵守世行规定的转变过程。在世行六期项目合作社种植、养殖扶持和政府政策的帮扶下,他成功脱贫,找到了生活的希望。

2017年的冬天,42岁的沙马以体慵懒地靠在自家的门边,饱经风霜的脸在冬天初雪的映照下显得分外彤红。他一声不吭地静静望着眼前的这座大山和土地。他心想,眼前的大山纵然再高,只要他用心努力攀爬,总有翻越过去的一天。可眼前压在他身上的却不是这座高山,而是看不见却重如千斤的贫穷。

从他有记忆的那天起,家里的贫穷似乎是常态。小时候很难吃饱一顿饭,很难穿上一件新衣。他回头看向正在火塘边伸手烤着火的子女和正在给他们煮饭的妻子,想着子女在校的学习成绩还算争气,脸上还是不由自主挂起一丝微笑。

他告诉自己的子女,自己就是小时候没有能够好好读书学习,所以现在还是一事无成。其实他小时候成绩也还是不错的，只是小学毕业以后家里实在无力再供养他读书，穷人家的孩子早当家，所以小学一毕业，沙马以体就辍学在家帮忙务农。但好歹也算读过一段时间书，他如今至少能听得懂汉话，看得懂汉字，不至于同这个时代彻底脱钩。

沙马以体一家被村里评为贫困户，虽然这为他带来了政府的许多政策扶持，为他解决了一些问题，但他心里总想着人不能总靠别人的帮助，如果自己不能自力更生，光靠别人的帮助是走不远的，也摆脱不了真正的贫困。

他望着眼前这片已经种了好多年的土地，一筹莫展。沙马以体这辈子除了老老实实地种地，也想不出其他能挣钱养家的办法。村里的许多年轻人都已经外出打工，每次看他们风风光光地回乡，自己也挺羡慕，可家里的情况又不允许自己外出太久。他抽着一根又一根的烟，却实在想不出什么办法。

转机很快就来了。这一天，村上通知大家开会，说是要成立什么合作社，要求每家要去一个人，尤其是贫困户必须去。合作社？沙马以体以前好像听过这个词，但此时他完全不明白这是个什么东西。他决定去开会，看看这个合作社到底是什么。

开会那天，会场上早早就围满了人，三五成群地聚在一起，左问问，右问问，每个人对这个"合作社"都非常好奇。村里几位年长些的村民说，合作社以前就搞过了，后来又取消了，但具体他们也说不上来更多了。终于，村长和几个看着像是县里来的人上来讲话了。村长介绍身边的几个人，说他们是县里来的领导，有叫拉主任的，有叫东主任的，还有一个年轻人是辅导员。村长讲了一大堆，有些听得懂，有些听不懂，但沙马以体听到了几句最关键的，就是这个合作社，要让他们养羊、养牛，而且有个叫"世界银行"的要给钱帮助他们建合作社。这让他眼睛一下子就瞪大了，烟也不抽了，聚精会神，开始认认真真听村长讲话，生怕落下一句。

通过村长的介绍，沙马以体大概知道这合作社是做什么的了。合作社就是要让村民在自愿的情况下入股加入一个合作组织，成为社员，帮合作社养羊、养牛，等牛羊养好了产下小牛羊就可以有钱拿。得知按照政策，贫困户可以优先加入合作社，沙马以体便第一个冲到村长面前说："我家要干这个合作社！我家是贫困户！"说完，便目光炙热地盯着眼前的村长。村长笑嘻嘻地看着他说："别着急，别着急，我们还要签协议。慢慢来，我们会同意让你加入的。"

图1　牧羊场景

2019年的初春，44岁的沙马以体如愿加入了昭觉县洒拉地坡罗呷呷养羊专业合作社。听村长说，合作社采取分散养殖的方式，把羊分到每户家庭自己喂养，所以参与合作社的村民家要自己先修一个畜圈，修畜圈的钱需要自己先垫付，等合作社验收完成，再向每户发放3320元的补助。许多之前还兴高采烈要加入合作社的村民一听，开始有点打退堂鼓了，他们担心畜圈修好后拿不到钱。沙马以体也有些犹豫不决，毕竟几千块钱修一个畜圈对他来说也不是一个小数目。但不想就此放弃这个机会的沙马以体，干脆直接去找村长："我们这么做，没问题吧？能相信你吗？"村长被他直白的发问搞得哈哈大笑，然后严肃地跟他说："你放心，这个合作社可不是我们村的事，那可是国家定的项目，省里的领导，县里的领导都发了话，怎么可能没有保障？你们放心干就是了！"沙马以体听完村长的话，心里也顿时感觉敞亮了。

为了打消村民心中的顾虑，村里专门对村民进行了一次培训，村长认真跟大家讲解建立合作社项目的由来、资金的保障、规划方向和未来的发展。村长的讲解给村民们吃了颗定心丸，修畜圈的积极性也随之高涨。

没过多久，沙马以体家的畜圈修好了，他又开始参加合作社组织的种植、养殖培训。虽然他认为自己从小就和牛羊打交道，应该不用培训什么，但是每次去听完课后，他都感觉收获满满。没想到养牛羊也需要这么多的知识和技术。

和合作社签好代养协议以后，沙马以体分到了5只凉山半细毛羊和1头西门塔尔能繁母牛。他对这些牛羊比对自己还要上心，每天天不亮就要带着牛羊往外走，夜色来临时才赶着它们回家。他自己可以随便吃点，可一定要让牛羊吃好吃饱。他就想着养好它们，尽快生下小羊和小牛，生得越多越好。他自己苦点累点没关系，至少生活变得有奔头，有希望了。

养育的过程并非一帆风顺。在第一次小羊羔出生时，他因为外出奔丧，再加上天气寒冷，小羊羔最终没能活下来。赶回家的沙马以体看着小羊羔的尸体，一言不发，心里满是难过和自责。他想，如果自己能在家好好照顾，小羊羔也许能活下来。那次以后，每次小羊羔出生，无论有多大的事他都寸步不离。小羊羔也没有再意外死亡过了。

到 2020 年，沙马以体家羊的存栏数已经从开始的 5 只增加到了 12 只。有次家里来了特别重要的客人，妻子想要杀羊来招待，沙马以体不假思索地拒绝了："这羊是合作社的，不是咱们的，村长跟人家辅导员跟咱们说过许多次了，这羊可不能自己想卖就卖，想吃就吃。有什么事都得跟合作社和村长报告。要是都随便让我们处理，合作社的羊还能剩多少？人家政府相信咱们，咱们可不能对不起人家啊。政府帮咱家的已经不少了，今天这羊无论如何也不能杀，咱们自己出去买头猪来招待就行了。"

如今，沙马以体家通过合作社的种植、养殖扶持，以及政府的不断帮扶和自身的不断努力，年收入已经达到了人均 7800 元，成功脱贫。他常常说："真的很感谢国家和政府，能对我们这些贫困户这样无微不至地帮助，也感谢合作社让我找到了生活的希望。"

延伸阅读

沙马以体，小学毕业，2022年已47岁，曾被定为建档立卡贫困户。44岁时，他如愿加入了昭觉县洒拉地坡罗呷呷养羊专业合作社，如今已经脱贫。一个朴素的村民自此懂得了合作社和政府、国家是贫困群体的依靠。